LA ORACIÓN ES BUENA MEDICINA

También por el doctor Larry Dossey

Palabras que curan
Tiempo, espacio y medicina

DOCTOR LARRY DOSSEY

Autor del *best seller* del *New York Times Palabras que curan*

LA ORACIÓN ES BUENA MEDICINA

CÓMO COSECHAR LOS BENEFICIOS CURATIVOS DE LA ORACIÓN

HarperCollins *Español*

A mis colegas de la atención sanitaria que han tenido el valor de llevar la oración al hospital, la clínica y el laboratorio.

CONTENIDO

CONTENIDO

CONTENIDO

AGRADECIMIENTOS

Ofrezco una oración de gratitud por las muchas personas que me han alentado a enfocar el tema de la oración en la medicina.

A Garry y Bet: no sabíamos que estábamos siendo influidos hasta tal punto por todas aquellas oraciones mientras crecíamos en Prairie Point, ¿verdad? ¿O era Prayer-y Point [el punto de la oración]?

A mi madre y mi padre, que nos mantuvieron vivos a mi hermano y a mí —dos gemelos prematuros de 900 gramos— con oraciones y un cálido hogar en una inhóspita pradera de Texas.

Y a Bárbara, mi esposa, que sigue siendo la respuesta a mi oración.

—Dr. Larry Dossey
Santa Fe, Nuevo México

NOTA DEL AUTOR

Se usan muchos términos a lo largo de este libro para referirse al Ser Supremo. En muchos casos he elegido el término más neutro posible, como *el Absoluto*.

Tiendo a estar de acuerdo con aquellos sabios maestros que dicen que todos los nombres de Dios están equivocados. Como nos dicen todas las grandes tradiciones de la sabiduría esotérica, el Absoluto «no puede ser dicho ni pensado». Simplemente, no hay imágenes fiables del Todopoderoso. Como declara con sobriedad un aforismo sufí, «Ningún hombre ha visto a Dios y ha vivido».

En el siglo XIV, un anónimo monje inglés que se cree que es el autor de *La nube del no saber*, un exaltado tratado religioso que influyó profundamente la vida religiosa de su tiempo, añadió su lamento a la futilidad de dirigirnos o incluso pensar acerca de lo Universal. «Pero ahora me preguntarás —dijo él—, "¿Cómo voy a pensar en el propio Dios, y en lo que él es?" y no puedo darte una respuesta excepto la de decir "¡No lo sé!". Porque con esta pregunta me has llevado a la... nube del no saber... Del mismo Dios en el que no puede pensar ningún hombre».

Como observó el gran místico alemán del siglo XIII, el Maestro Eckhart, «Quien sea que perciba algo en Dios y le adjunte por lo tanto algún nombre, eso no es Dios. Dios es... inefable». Y «Está en la naturaleza de Dios estar sin naturaleza».

En este momento de la historia, en el que estamos experimentando un despertar muy necesario de los valores que durante siglos se habían asociado a las mujeres, tal vez sea importante señalar que el problema de nombrar al Absoluto no se resuelve simplemente reemplazando todos los nombres y pronombres masculinos por unos femeninos. *Dios* y *Diosa*, *él* y *ella*, fracasan igualmente. El Absoluto está radicalmente más allá de cualquier descripción, incluyendo el género.

Con estas limitaciones en mente, el lector puede insertar, en cada ocasión que siga, su nombre preferido para el Absoluto: ya sea *Diosa, Dios, Alá, Krisna, Brahman, el Tao, la Mente Universal, el Todopoderoso, Alfa y Omega, el Único...*

LA ORACIÓN ES BUENA MEDICINA

Si Jesús, Mahoma y Buda hubieran tenido penicilina, probablemente la habrían usado, junto con la oración.

Creo que la oración y el enfoque médico aceptado comúnmente pueden usarse juntos. Así pues, aunque este libro se ocupa de por qué la oración es buena medicina, no estoy sugiriendo que sea la *única* medicina o que deba ser invocada *en lugar* de otras medicinas.

La oración no es «mejor» que la medicina modera. La oración, la medicación y la cirugía, todas ellas son una bendición, una gracia y un regalo. ¿Por qué no usarlas todas, con reverencia y gratitud?

INTRODUCCIÓN

La oración está de vuelta.

Después de estar fuera de juego durante gran parte de este siglo, la oración está volviendo al escenario en la medicina moderna. Los doctores están llevándola no solo a sus despachos, clínicas y hospitales, sino también a los laboratorios experimentales. Los diarios médicos están más dispuestos que nunca a publicar estudios sobre los efectos curativos de la oración y la fe. Han aparecido historias en portada sobre la oración en varias revistas nacionales y los *talk shows* bullen con relatos de curaciones y oración. Incluso el conservador *Wall Street Journal* recientemente dedicó un gran artículo en su sección de «Marketplace» a los estudios científicos sobre la oración que están en progreso en este momento.

—⁓—

Muchos de ustedes seguramente dirán que era cuestión de tiempo. Las encuestas recientes muestran que un setenta y cinco por ciento de los pacientes creen que sus médicos deberían encargarse de las cuestiones espirituales como parte de los cuidados médicos, y el cincuenta por ciento quiere que su doctor ore no solo por ellos sino con ellos. Parece que los médicos estamos escuchando. Puede que les sorprenda saber que la mayoría de nosotros realmente oramos por nuestros pacientes. En diciembre de 1995 se llevó a cabo una conferencia llamada «Espiritualidad y sanación en medicina» en la Escuela de Medicina de Harvard en Boston, una de nuestras mejores instituciones médicas. Al escribir estas líneas, cerca de un tercio de las escuelas de medicina de Estados Unidos ha desarrollado cursos sobre medicina alternativa o complementaria, muchos de los cuales enfatizan la dimensión espiritual en el cuidado de la salud, incluyendo la oración. Cinco escuelas de medicina han desarrollado programas explícitamente dedicados a explorar la relación entre fe y salud.

¿Estamos cayendo en la fantasía? Difícilmente. «Estadísticamente, Dios es bueno para ti», dice el doctor David B. Larson, del National Institute for Healthcare Research en Rockville, Maryland, que estudia la relación entre la espiritualidad y la salud. Larson, antiguo jefe de investigación del National Institute of Mental Health, dice: «Mis profesores [de la facultad de medicina] me dijeron que la religión es dañina. Entonces yo miré las investigaciones y la religión es en realidad altamente beneficiosa. Si vas a la iglesia u oras regularmente, es muy beneficioso en términos de prevenir enfermedades, tanto mentales como físicas, y lidias con la enfermedad con mucha más eficacia. Si miras los estudios, área tras área, es beneficioso en un ochenta por ciento. Estaba impresionado».

Y yo también. Tropecé ciegamente con los estudios sobre la oración durante la década de los ochenta, cuando alguien me mandó un trabajo científico en el que se probaba la oración en un hospital moderno en un gran grupo de pacientes cardiacos. Nunca se me habría ocurrido que alguien probara la oración realmente como una nueva medicación: orando por la mitad de los pacientes y no por la otra mitad, que eran los «controles» y midiendo los resultados. Este estudio sugería con firmeza un efecto terapéutico de la oración distante e intercesora.

Después de recuperarme de la sorpresa, me pregunté: si la oración funciona, ¿no debería estar orando por mis pacientes? Era escéptico con la oración en ese momento, y un simple estudio no me resultaba convincente. Con necesidad de mayores pruebas, me embarqué en mi propia investigación y descubrí, para mi sorpresa, que hay más de 130 estudios científicos en el área general de la «sanación», muchos de los cuales emplean la oración. Cerca de la mitad de esos experimentos indican con rotundidad que la oración funciona. Pronto llegué a considerar esta evidencia como uno de los secretos mejor guardados de la medicina moderna, y comencé a orar activamente por mis pacientes.

Mis exploraciones sobre la oración y la sanación dieron como resultado la publicación en 1993 de mi libro *Healing*

Words: The Power of Prayer and the Practice of Medicine
[Palabras que sanan: el poder de la oración y la práctica de
la medicina]. Fue un gran placer que la buena recepción del
libro me permitiera la oportunidad de discutir acerca de la
oración con variedad de audiencias: facultades de medicina y hospitales, organizaciones de médicos y enfermeras,
grupos laicos e iglesias, los National Institutes of Health, un
grupo de trabajo presidencial sobre la reforma del sistema
de salud, una parte del parlamento británico e incluso con el
Pentágono.

Ciertas cuestiones salían a la luz una y otra vez en estas
conversaciones. Sé que también están en su mente, porque
me han enviado cientos de cartas describiendo sus experiencias y creencias acerca de la oración. Descubrí que una gran
parte de ustedes están interesados en cuatro áreas generales:
la evidencia científica de la oración, las controversias asocia-
das con los experimentos, qué es la oración y cómo orar. Este
libro está organizado alrededor de esas cuatro categorías.
Las diferentes secciones se sostienen por su cuenta y pueden
leerse en cualquier orden. Sean ustedes sus propios guías.

He escrito este libro como una charla a corazón abierto,
no como un tratado académico o universitario. Si quieren
profundizar en las cuestiones científicas que rodean a la oración, consulten *Healing Words*, donde encontrarán descrip-
ciones y citas de los propios experimentos.

Mientras leen este libro, espero que resistan la tentación
de tomar una u otra postura hacia la oración y la medicina moderna. Como médico he empleado medicaciones y

procedimientos quirúrgicos porque sé que funcionan. Pero la oración funciona, también. Tal y como yo lo veo, no tenemos que tomar decisiones drásticas entre la oración y la alta tecnología médica. Si tienes apendicitis, creo que se debe hacer una apendicetomía, porque es el tratamiento más eficaz que la humanidad ha desarrollado para ese problema en particular. ¿Pero por qué no emplear la oración además de la cirugía? Los pensamientos relacionados con la oración, ofrecidos desde la distancia, han demostrado incrementar las tasas de sanación de las heridas quirúrgicas, y la fe religiosa está asociada con una recuperación más rápida de la cirugía. Debemos seguir un enfoque que tenga sentido común cuando estemos enfermos: usar lo que funciona. En muchas situaciones médicas habrá lugar *tanto* para la oración como para la medicina moderna.

Aunque la ciencia nos diga *que* la oración funciona, no puede decirnos *cómo* lo hace. La ciencia es limitada en el estudio de la oración. Por lo tanto, la ciencia nunca podrá acabar con la oración, como algunos temen. Los misterios sagrados permanecerán.

He escrito este libro bajo la influencia… la influencia de las oraciones de miles de personas que han orado por mí y por mi trabajo. De todo corazón, estoy agradecido. ¿Pueden mantenerme bajo esa influencia?

—Dr. Larry Dossey

PARTE UNO

LA EVIDENCIA

PONER A PRUEBA LA ORACIÓN ES UN ACTO DE ALABANZA

Qué pasaría si tu médico, la próxima vez que te pongas enfermo, te dice: «Toma un puñado de medicamentos. No prestes atención a si están mezclados o combinados, y no te molestes en contarlos. Simplemente toma un puñado, lo más a menudo que sea posible, porque los medicamentos curan». Incluso aunque creas en la terapia medicinal, considerarías este consejo irresponsable y peligroso. Hay muchas clases de medicamentos: algunos útiles, otros inútiles, otros dañinos. Algunos funcionan en solitario; otros solamente en combinación; otros son tóxicos o fatales si se emparejan con otros medicamentos. Solamente haciendo pruebas cuidadosas se pueden sortear esos efectos y se pueden usar los medicamentos con seguridad y eficacia.

Lo mismo se podría decir la oración. Hay diferentes clases de oración, y las pruebas sugieren que la oración, como los medicamentos, puede tener efectos positivos, neutros o negativos. Basándonos en la evidencia, incluso sería sabio añadir una advertencia a la oración: «Puede ser peligrosa para su salud».

Una de las mejores maneras de comprender los matices de la oración y aprender a usarla de la mejor manera es examinarla cuidadosamente en los experimentos científicos. Todo el mundo debería estar interesado en esta evidencia, me parece a mí, incluso aquellos que ya creen en la oración.

Algunas personas creen que la ciencia es enemiga de la fe y que la oración no debería ser comprobada científicamente. Pero los científicos también necesitan fe. De hecho, a menudo he pensado que muchos científicos tienen más fe que ciertos tipos religiosos. Por ejemplo, tienen fe en la regularidad y en los patrones del universo; fe en que el conocimiento es posible; fe en que la naturaleza se revelará *a sí misma* si *nosotros* preparamos adecuadamente nuestros experimentos y a nosotros mismos. Sin fe, la ciencia no sería posible. La fe es la fundación de la ciencia, como lo es de la oración.

Cuando probamos la oración no estamos asaltando necesariamente las puertas del cielo. Es posible que estudios científicos acerca de la oración estén totalmente desprovistos de arrogancia y orgullo. Pueden ser ejercicios sagrados y reverentes en los que invitamos, no obligamos, a que el Todopoderoso se manifieste. Probar la oración puede ser en realidad una forma de alabanza, un ritual con el que expresemos nuestra gratitud por este impresionante fenómeno.

Un amigo mío que es científico realiza experimentos sobre la oración. Él encarna este enfoque reverente que yo defiendo. «Para mí —dijo él una vez— dirigir un experimento para ver si la oración funciona es como dar una fiesta elegante. Yo preparo la comida más evocadora que puedo imaginar, decoro la mesa lo más bonita que sea posible y entonces abro las puertas principales de mi casa para ver si alguien entra a comer. Si no, es que la cena no ha sido suficientemente tentadora. Un experimento con la oración es similar. Si dispongo las condiciones del experimento de manera suficientemente acogedora, el Divino puede "mostrarse" y yo conseguiré resultados positivos. Si no, tendré más trabajo la próxima vez». Teilhard de Chardin, sabio y monje jesuita, una vez dijo algo similar: «La investigación es la forma suprema de adoración».

LOS EXPERIMENTOS EN LA ORACIÓN PUEDEN AYUDAR A SANAR LA RUPTURA ENTRE RELIGIÓN Y CIENCIA

La vasta mayoría de nosotros oramos y creemos que nuestras oraciones son contestadas. No sostenemos la respiración expectantes ante los resultados del próximo ensayo a ciegas sobre la oración. Sentimos que ya tenemos evidencia de la oración en nuestras vidas, y estas son el laboratorio más importante de todos.

Aun así, no podemos escapar de la influencia de la ciencia en nuestras vidas. El enfoque científico se ha infiltrado en cada aspecto de nuestra existencia. Antes de tomar posición en una cuestión controvertida —el calentamiento global, por ejemplo, o tratamientos alternativos para el cáncer—, nos encontramos preguntando: «¿Qué dice la ciencia?».

La oración, como casi todo lo demás, está siendo escudriñada por la ciencia. Algunos científicos y médicos han comenzado a reconocer que la oración peticionaria, en la uno ora para sí mismo, tiene efectos positivos y saludables, pero muchos de ellos añaden que esto es debido *solo* a factores psicológicos tales como el pensamiento positivo, la expectativa y la autosugestión. Algunos de esos mismos científicos tienden a creer que la intercesión o la oración distante no puede ser eficaz; la mente no puede alcanzar, ya sea por propio acuerdo o a través de un Ser Supremo, a hacer que ocurran cosas en la distancia. Si creemos en la oración distante, dicen ellos, nos estamos engañando a nosotros mismos. Pero cuando ponemos la oración distante a prueba en experimentos reales en hospitales, clínicas y laboratorios, *sí* tiene un efecto: en humanos y no humanos, incluso cuando el recipiente de la oración no es consciente de que ha sido ofrecida. Estos desarrollos son incalculablemente importantes en la sanación del doloroso abismo de la vida moderna entre la religión y la ciencia. No tenemos que compartimentar nuestras vidas, poniendo nuestro intelecto en una esquina y nuestra espiritualidad en otra. La evidencia científica detrás de la oración puede ayudar a sanar esas dolorosas divisiones de la psique moderna. Por eso es que mucha gente, creyentes incluidos, a menudo dan la bienvenida con alegría a la evidencia experimental a favor de la oración. Encuentran que su fe se fortalece, no disminuye, por la atención de la ciencia a la oración.

Honrar esta evidencia no significa que permitamos que la ciencia tome como rehén a la oración. La oración no necesita el sello de la ciencia para su aprobación. Pero si los viejos enemigos pueden hacer las paces, deberíamos permitirles hacerlo, porque todos nos beneficiaremos espiritualmente de la tregua.

EL IMPACTO DE LOS EXPERIMENTOS ACERCA DE LA ORACIÓN EN LAS CREENCIAS RELIGIOSAS

Realmente ya no es una cuestión de *si* los experimentos prueban que la oración funciona; *ya lo han hecho*. Las nuevas preguntas son: ¿cuáles son las consecuencias? ¿Cuál será el impacto de los experimentos científicos sobre la fe religiosa y la religión organizada?

Muchos individuos y organizaciones se han visto implicados en el examen de la oración a través de la luz de los estudios científicos. Una de estas organizaciones es Spindrift, quien a lo largo de dos décadas ha desarrollado cierto número de pruebas experimentales que han demostrado los efectos positivos de la oración sobre sujetos no humanos. Antes de comenzar los experimentos concretos en 1975, los investigadores de Spindrift dedicaron cinco años a explorar las preocupaciones éticas que provocaría su trabajo científico. «¿Las pruebas eran una forma de tentación o eran un regalo de amor a un mundo moderno de parte de un Dios bueno?», pregunta la antigua vicepresidenta de Spindrift, Deborah Rose. ¿Es una herejía «probar a Dios» en el laboratorio? ¿Acaso el enfoque experimental destruiría la fe? Ninguna otra organización ha enfrentado tan honestamente estas cuestiones.

En 1994 la organización recibió una carta de una mujer de Topeka, Kansas, a la que le preocupaba que las pruebas de Spindrift diesen como resultado la secularización de la religión. Le preocupaba que la religión cayese en manos de científicos de laboratorio, y no quería ver la belleza de sus enseñanzas religiosas reemplazada por datos fríos y duros.

En respuesta a preocupaciones como las de esta mujer, Rose reconoce que a menudo la gente cree que los experimentos de Spindrift son intentos de probar, tentar o limitar a Dios dentro de probetas. Pero las pruebas no se plantean en esos términos, añade ella. «No estamos poniendo una trampa para cazar a Dios, estamos abriendo una ventana para ver el trabajo de Dios».

A los investigadores de Spindrift no les preocupa que sus experimentos sobre la oración resten autoridad a la religión. Están más preocupados por el efecto *opuesto*. «[Sentimos que] nuestras pruebas le devolverán el poder a la religión. Eso en sí mismo es terriblemente peligroso. La iglesia no ha usado el poder de manera sabia».

Para los investigadores de Spindrift, estos son riesgos que merecen la pena. «Si queremos devolverle al mundo la capacidad de sanar espiritualmente —declara Rose—, debemos hacerle un hueco. Es como evitar que una rara ave se extinga. Debes hacer algo más que proteger al pájaro. Debes preservar y expandir su hábitat. Debemos hacer un hueco en el mundo para la sanación espiritual. Los datos de las pruebas de Spindrift son un modo de reivindicar el territorio».

Los experimentos en la oración no amenazan a la oración, desde el punto de vista de Rose. «Expresar la teología con "datos fríos y duros" no reemplazará a las Escrituras, ni a las vidrieras, ni a los himnos, ni a los testimonios personales, ni a todas las hermosas expresiones de la religión en nuestra sociedad. Las hará florecer porque abrirá camino a un hábitat mucho mayor en el que tales cosas pueden crecer. Habrá nuevas expresiones, además, nuevas expresiones científicas computarizadas, de la teología. Algunos lo encontrarán ofensivo. Otros... lo encontrarán hermoso y positivo. ¿Por qué no tener ambos? No todo el mundo ve los datos como algo frío e impersonal. En mi religión —declara Rose— uno de los nombres de Dios es Principio... En el fondo de los datos [experimentales] veo destellos del Principio, o de Dios...».

Rose continúa: «Las pruebas traen a la luz [viejas] cuestiones teológicas. Puede que descubramos que estábamos equivocados en muchas cosas. ¿Quién decidió en el pasado qué o quién era santo, qué o quién era pecaminoso? A veces era una cuestión política... Yo espero que herramientas como las pruebas de Spindrift ayuden a hacer la religión menos manipuladora, menos secular y más pura».

A Rose también le preocupa que la gente pueda usar las pruebas para promover un único tipo de religión. «Al comprobarla científicamente, podemos perder la libertad de la religión, y podemos perder toda la belleza e individualidad de las diferentes tradiciones religiosas... Este triste escenario no tiene por qué ocurrir. Las pruebas han demostrado que la gente de diferentes tradiciones religiosas lo hacen igual de bien en estos test».

Otro peligro de los experimentos es que la gente quiera usarlos para concebir modos de dañar a los demás. Dice

Rose: «Esta investigación hará la parte oscura del poder mental más obvia y accesible a la gente... Es posible hacer que alguien enferme por medios mentales, e incluso matarlo... Una vez que las pruebas de Spindrift o pruebas similares pasen al conocimiento público por medio de la repetición, es inevitable que el tema del lado oscuro del pensamiento salga a la luz. Aquellos propensos serán capaces de aprender con más facilidad el uso destructivo del poder mental».

A pesar de los obstáculos potenciales, los investigadores de Spindrift, después de dos décadas de experimentar con la oración, concluyen que los beneficios de las pruebas sobrepasan en gran medida los problemas. «Todo —observa Rose— lo que haga que la verdad salga a la superficie y nos ayude a entender más acerca de la naturaleza del universo en que vivimos, es una bendición inevitable, sea cual sea el precio. La ignorancia es el mayor peligro».

———

Después de la publicación de mi libro *Healing Words: The Power of Prayer and the Practice of Medicine* [Palabras que sanan: el poder de la oración y la práctica de la medicina] descubrí que muchas de las predicciones de Rose fueron verdad. Los grupos fundamentalistas de todo el país reaccionaron con indignación, tachando las evidencias científicas de «ocultismo» y «Nueva Era» sin pararse a considerar si los estudios eran válidos o no. La razón principal que les ofendió pareció ser que los experimentos en la oración muestran que, como Rose afirma, «la gente de diferentes tradiciones religiosas lo hacen igual de bien en estos test». En otras palabras, los experimentos aclaran que ninguna religión en especial tiene el monopolio de la oración. Esto es contrario a la creencia de muchos fundamentalistas de que el Todopoderoso es sensible a ellos principal o exclusivamente; que aquellos que no han sido «salvados» no pueden orar eficazmente; y que la única oración genuina que puede ofrecer la gente fuera de su fe es por misericordia y perdón. Para cualquiera que mantenga estas creencias, los experimentos sobre la oración representan un colosal conflicto entre ciencia y fe. Cuando estos dos mundos colisionan normalmente es la ciencia la que es apartada y el dogma el que se retiene.

Estoy convencido de que los experimentos acerca de la oración no se oponen a la genuina espiritualidad; solo son una amenaza para la estrechez de miras y la exclusividad, que son la columna vertebral de la intolerancia religiosa. No es el Absoluto el que se ve amenazado por la evidencia científica que favorece a la oración, solo nuestra arrogancia y nuestro orgullo, y el estatus especial que algunas religiones han reclamado para sí. Los experimentos en la oración nivelan el campo. Muestran que la oración es un fenómeno universal que pertenece a todas las fes y credos, y esos estudios, además, afirman la tolerancia.

LA COMPRENSIÓN CIENTÍFICA DE LA ORACIÓN ES LIMITADA

Me he encontrado con que la mayor parte de las personas dentro de las religiones mayoritarias en nuestro país son extremadamente tolerantes con los experimentos en la oración. Están deseosos de un acercamiento entre la ciencia y la religión en donde los vectores intelectuales y espirituales de la psique humana puedan unirse en armonía. Algunos de ellos ven la experimentación en la oración como un avance de la misma religión. Están de acuerdo con Emerson en que «la religión que tiene miedo de la ciencia deshonra a Dios y es suicida». Y también coinciden con la antropóloga Margaret Mead, quien dijo: «Necesitamos un sistema religioso con la ciencia en su mismo centro, en el que la tradicional oposición entre la ciencia y la religión… pueda resolverse de nuevo, pero en términos de futuro en vez de pasado».

Tal vez aquellos que tienen miedo de que la ciencia engulla a la religión no comprenden los límites de la ciencia. Cuando investigamos la oración científicamente podemos demostrar *que* funciona, no *cómo* ni *por qué* lo hace. Esto significa que hay un umbral que la ciencia no puede traspasar. Estos límites se ilustran en el siguiente intercambio entre un profesor de ciencia y el estudiante-candidato al que estaba examinando:

Examinador: ¿Qué es la electricidad?

Candidato: Oh, señor, estoy seguro de que aprendí lo que es —estoy seguro de que lo sabía—, pero lo he olvidado.

Examinador: Qué desgracia. Solo dos personas han sabido en la historia qué es la electricidad, el Autor de la Naturaleza y usted. Ahora una de ellas lo ha olvidado.

La ciencia arroja más preguntas acerca de la oración de las que responde. La ciencia no puede medir lo inmensurable. Esto deja muchas facetas de la oración prácticamente sin tocar, y crea una apertura para que las diferentes religiones conecten los puntos del modo en que deseen.

Para estar seguros, algunos científicos no están de acuerdo. Creen, por medio de un curioso giro de la lógica, que la ciencia ha refutado al Todopoderoso, aunque el Absoluto esté más allá de la medición y por lo tanto más allá de la ciencia. Pero no deberíamos intimidarnos por este prejuicio. Debemos buscar más bien una visión que ha sido sostenida por científicos del más alto calibre, en la cual *tanto* el poder *como* las limitaciones de la ciencia son reconocidas. Una expresión típica de esta perspectiva es el siguiente comentario del físico ganador de un Nobel Erwin Schrödinger. Las observaciones de Schrödinger deben servir como consuelo para aquellos que temen mezclar la ciencia y la oración:

No debemos esperar que las ciencias naturales nos den una perspectiva directa de la naturaleza del espíritu;

—✦—

no debemos *esperar* penetrarlo, por mucho que aprendamos acerca de la física y la química de los procesos corporales con los que encontramos la percepción y el pensamiento objetivamente enlazados; y no debemos *temer* que incluso el conocimiento más exacto del mecanismo de estos procesos y las leyes por las cuales funcionan —un conocimiento cuyo objeto está y siempre permanecerá en el espíritu— pueda poner trabas al mismo espíritu, esto es, que pueda obligarnos a estimarlo como algo supeditado, «determinado mecánicamente», sobre la base de que está ligado a un proceso fisiológico que está mecánicamente determinado y sujeto a las leyes de la naturaleza.

Max Planck, cuyos descubrimientos sentaron la base para revolución cuántica-relativista en la física, dijo que la ciencia y la religión estaban naturalmente entrelazadas. Dijo:

Nunca podrá haber ninguna oposición real entre la religión y la ciencia; puesto que una es complementaria a la otra. Toda persona seria y reflexiva comprende, creo yo, que el elemento religioso en la naturaleza debe ser reconocido y cultivado si todos los poderes del alma humana deben actuar juntos en perfecto equilibrio y armonía. Y por supuesto que no ha sido por accidente que los mayores pensadores de todas las épocas fueron también profundas almas religiosas, aunque no hicieran ninguna demostración pública de su sentimiento religioso... Cada avance en el conocimiento nos pone cara a cara con el misterio de nuestro propio ser.

La lista de grandes físicos que tenían perspectivas similares es muy larga. Incluye a gigantes como Einstein, Bohr, Heinsenberg, Eddington, Jeans y otros. Sus puntos de vista se han reunido en un asombroso libro, *Cuestiones cuánticas. Escritos místicos de los físicos más famosos del mundo*, por el psicólogo transpersonal Ken Wilber.

A menudo se dice que la ciencia ha «refutado a Dios», pero eso es una imposibilidad, como estos grandes científicos sabían. La ciencia lidia solo con lo que puede ser medido por medio de sus diferentes mecanismos de detección, y los científicos no tienen un medidor de Dios. Algunas cosas están más allá de la ciencia. No todo lo que cuenta se puede contar.

Aquellos que desean proteger la oración de la ciencia y lanzar por la borda los experimentos en la oración deberían examinar sus motivaciones. La primera pregunta que deberían contestar —y casi nunca se hace— es: ¿qué es lo que muestran realmente los estudios, y son válidos? Si realmente evaluamos los datos y decidimos que son ciertos, entonces debemos hacernos más preguntas. ¿Por qué nos sentimos tentados a descartar los hechos experimentales? ¿Estamos intentado «proteger la oración» como si el Absoluto necesitase nuestra ayuda? ¿Cuál de nuestras creencias religiosas privadas está siendo amenazada? ¿Deberíamos reconsiderar alguna de ellas?

Uno de los ejemplos más valientes de hacer que la religión y la ciencia se apoyen una en la otra viene de Su Santidad el Dalai Lama. A diferencia de muchos líderes religiosos, el Dalai Lama adora la ciencia y disfruta de los intercambios con científicos. Una vez se le preguntó cómo respondería el budismo si su doctrina colisionara contra sólidos hechos científicos. Si esto pasara, respondió él, las propias palabras de Buda deberían ser rechazadas. Pero, añadió con un brillo en los ojos, no estaba preocupado, porque a lo largo de los siglos el budismo siempre había encontrado mucho margen para maniobrar.

Aquellos que temen los experimentos en la oración deberían relajarse. La oración y el Todopoderoso no pueden ser dañados por la ciencia. Solo nuestros prejuicios están en peligro.

LA ORACIÓN NO ES SOLO
UN PLACEBO

Mucha gente cree que la oración no tiene poder por sí misma. La gente se mejora después de la oración, mantienen, solo porque *esperan* que la oración funcione. Llamamos a esto «efecto placebo».

La palabra *placebo* viene del latín y significa «complaceré». Un placebo es una sustancia inocua e inerte —una píldora de azúcar o una inyección de agua— dada a pacientes para complacerlos o congraciarlos.

El efecto placebo es un resultado que puede atribuirse a la creencia, la expectativa, la sugestión o al «pensamiento positivo». En otras palabras, si tu médico te prescribe una píldora placebo y te sientes mejor después de tomarla, no es debido a la píldora, sino a tus pensamientos, emociones, creencias y cosas así.

En el caso de la oración, no hay duda de que las creencias de un individuo juegan un papel: tanto en la oración peticionaria, donde uno ora por sí mismo, como en la intercesora o distante, *cuando el recipiente de la oración sabe que se está orando por él*, el mismo hecho de que el individuo se percate de que la oración puede funcionar provocaría efectos positivos. Pero eso no significa que los resultados de la oración en estos dos casos se deban *solamente* al efecto placebo.

Ha habido incontables ocasiones en las que la oración distante o intercesora ha tenido éxito *sin el conocimiento* del recipiente. Cuando la oración funciona en esos casos, no es posible que se deba en su totalidad al efecto placebo.

Deberíamos ser menos críticos con el efecto placebo, como cuando decimos que algo es «solo» un placebo. El efecto placebo es como la marcha superior de un automóvil, capaz de estimular el rendimiento de cualquier terapia. Deberíamos dejar de referirnos a este efecto como un fastidio, como los médicos hacen a menudo; el efecto placebo simplemente no se entromete en el camino de la medicina «real». Deberíamos estar agradecidos de lo que el poder de la expectativa, la sugestión y el pensamiento positivo puede añadir al poder de la oración.

El efecto placebo es un regalo. ¿Por qué rechazarlo?

LA ORACIÓN NO TIENE QUE IR A NINGÚN SITIO

Hace varias décadas una alegre canción góspel llamada *The Royal Telephone* [El teléfono real] era popular en el sur. Las líneas de Dios siempre están abiertas, proclamaba la tonada, y podemos llamarle en cualquier momento. Hoy, las imágenes de la oración que emplean toscos teléfonos negros y centralitas parecen fantasiosas y pasadas de moda y están siendo rápidamente reemplazadas por imágenes más modernas. Actualmente, «Dios como un satélite de comunicaciones» es una tendencia. Emitimos nuestras oraciones hacia arriba —arriba, arriba, siempre arriba— y si él lo aprueba, retransmite la petición al objeto en necesidad. Existen otras imágenes populares. Hace poco di con una tira de cómic en la que un joven sostenía una hoja de papel y le decía a su madre: «Escribí una oración. ¿Dios tiene fax?».

En un viejo cuento budista, varios monjes estaban de duelo por su anciano maestro, que había muerto ese mismo día. Surgió una pregunta: «¿Dónde ha ido el alma del maestro?». El debate estuvo encendido durante horas sin consenso. El joven monje escogido por el maestro para sucederle se exasperó por la discusión y finalmente preguntó: «¿Por qué es necesario que su alma vaya algún sitio?».

¿Por qué suponemos que la oración tiene que ir a algún sitio? ¿La oración es una cosa? ¿Necesita viajar?

Nuestras imágenes de la oración sugieren que es una clase de mensaje físico —una carta, por ejemplo— que debe viajar hasta un destino específico. O que las oraciones son como llamadas telefónicas y señales de televisión que se transmiten por medio de fibra óptica o que son rebotadas por satélites orbitales y estaciones repetidoras. Decir que las oraciones necesitan ser enviadas «a» Dios implica que Dios es un ser que está localizado en algún lugar lejano.

Los hallazgos de los estudios científicos sobre la oración no sostienen esta imagen de la oración como un mensaje físico enviado a un Dios que reside en la distancia. En un estudio realizado por el cardiólogo Randolph Byrd que implicó a 393 pacientes de la unidad de cuidados coronarios del Hospital General de San Francisco, se les pidió a grupos de oración de diferentes partes de Estados Unidos que orasen por individuos enfermos asignados a un grupo de «tratamiento»; ninguno oró por los del grupo de control. Excepto por la oración, todos los pacientes recibieron la misma terapia de alta tecnología. Era un estudio doble ciego: ni los pacientes, ni los médicos, ni los enfermeros sabían por quién se estaba orando y por quién no. Byrd descubrió que los pacientes por los que se había orado lo hicieron significativamente mejor en varias medidas de resultado. Resultó que la distancia *no* era un factor en lo bien que funcionaba la oración. Las oraciones del otro lado del país parecían ser tan eficaces como las de los grupos cercanos al hospital.

Otros estudios han comparado la capacidad de la gente para influir en las tasas de crecimiento de organismos en un radio cercano (1.5 metros) y en la distancia (veinticinco kilómetros). De nuevo, la distancia no era un factor; cerca o lejos, la fuerza de la influencia era la misma.

Los resultados de los experimentos relacionados con la curación espiritual nunca han detectado ninguna clase de energía que pasara entre el sanador y el sanado. Esto implica que no se manda nada *físico* entre el individuo que ora y el objeto de la oración. Además, estos estudios demuestran sistemáticamente que la oración es tan eficaz a grandes distancias como a un radio cercano. Si se estuviera enviando alguna clase de energía física, la oración sería más poderosa en los radios cortos que en los largos, porque la energía física se debilita con la distancia. Tampoco se pueden tapar o bloquear los efectos de la oración, lo que no sería el caso si alguna clase de energía estuviera siendo enviada del sanador al sanado. Los experimentos en la sanación basada en la oración ofrecen una imagen certera: la oración no es una forma convencional de energía que se «manda» o se «recibe».

Para alguien aferrado a la idea de que la oración equivale a energía, eso suena como si la oración no funcionase: sin energía, no hay efecto. Pero la oración *sí* funciona. Son nuestras ideas de la oración las que no lo hacen. Cuando conseguimos el valor de aceptar al Absoluto *como* Absoluto, no necesitamos imágenes mundanas de la oración. Nos daremos cuenta de que la oración, como el alma del maestro fallecido, no tiene por qué ir a ningún sitio.

Aunque los científicos no pueden explicar actualmente cómo funciona la oración en la distancia, hay novedades en ciertas áreas que puede que un día arrojen luz sobre su funcionamiento.

En física cuántica, que trata de la dimensión más pequeña del mundo físico, varios experimentos en las dos décadas pasadas han revelado la existencia de lo que se ha denominado sucesos *no locales*. Brevemente: si dos partículas subatómicas que han estado en contacto son separadas, un cambio en una se corresponde con un cambio en la otra, instantáneamente y en el mismo grado, sin importar lo distantes que puedan estar. Estos sucesos remotos se dice que son *no locales*.

Los sucesos no locales tienen tres características comunes. Se dice que *no tienen mediación* (los cambios remotos no dependen de la transmisión de energía ni de ninguna otra clase de señal energética); *no tienen atenuantes* (la fuerza del cambio no se debilita con el incremento de la distancia); y que son *inmediatos* (los cambios remotos tienen lugar simultáneamente).

La pregunta más molesta es: ¿cómo es posible que una de las partículas remotas sea consciente instantáneamente del cambio de su lejana compañera? ¿Cómo pueden las dos estar en instantánea sincronía? Si las partículas cambian simultáneamente sin importar lo alejadas que estén, esto sugiere que no están realmente separadas, sino en alguna clase de partícula única o en «una mente». ¿No es alucinante? Sí, incluso para los físicos involucrados.

El físico ganador de un Nobel Brian Josephson del Laboratorio Cavendish de la Universidad de Cambridge sugiere que estos fenómenos cuánticos *no locales* pueden estar detrás de muchos sucesos *humanos* que tienen lugar en la distancia; por ejemplo, algunas clases de percepción extrasensorial como la clarividencia y la telepatía.

¿Podría interpretarse la oración distante e intercesora por la fenomenología cuántica subyacente? No se ha identificado nunca ninguna forma específica de energía en sus «transmisiones». Y puesto que parece tan eficaz a distancias globales como en la cabecera de la cama, la distancia no es aparentemente un factor limitador. La oración intercesora, por lo tanto, guarda un fuerte parecido con los sucesos no locales estudiados por los físicos.

Las «explicaciones» para la oración intercesora basadas en la cuántica, sin embargo, tienen una limitación mayor. Decir que la oración distante puede basarse en las conexiones cuánticas no locales es simplemente reemplazar un misterio por otro. Los físicos realmente no saben *cómo* ocurren los sucesos cuánticos no locales; solo saben *que* suceden. Esto nos recuerda un viejo dicho: «Los físicos nunca comprenden realmente una nueva teoría, solo se acostumbran a ella».

Hoy, el término *cuántico* se usa para describir cualquier cosa imaginable; sin duda que pronto escucharemos hablar de la «oración cuántica». Esto refleja una cierta envidia de la física dentro de nuestra cultura. El filósofo Stephen E. Braude de la Universidad de Maryland llama a esto el modo de pensar de «lo pequeño es hermoso», la creencia de que si algo se puede asociar al dominio subatómico invisible es de algún modo más respetable. Pero a nivel cuántico el misterio no desaparece, se agrava. La cuántica ofrece la ilusión de comprensión. La cuántica no es un «cómo».

Existen otras hipótesis para la oración. Algunos investigadores de la parapsicología han sugerido que la oración distante es «solo» un ejemplo de psicoquinesia, o de la mente sobre la materia. ¿Pero cómo funciona? Otros han sugerido que lo que está involucrado en la acción de la oración intercesora a grandes distancias es un intercambio de *información*, no de energía. Tal vez. Pero, de nuevo, esto parece reemplazar un desconocimiento con otro.

Probablemente no sabremos cómo funciona la oración distante hasta que comprendamos de qué modo funciona el consciente, porque el amor, la empatía y la profunda preocupación parecen catalizar o establecer el marco para los efectos de la oración. La búsqueda de una explicación para la oración distante realmente es una exploración para comprender los caminos de la mente.

A la luz de la actual ignorancia de la ciencia acerca de cómo funciona la oración distante, aquellos que desean creer que «Dios lo hace» no deben retroceder. Esta explicación parece ser tan buena como cualquiera, y mejor que muchas otras.

PARTE DOS

LA CONTROVERSIA

EVALUAR LA CRÍTICA DE QUE «LA ORACIÓN MATA»

Los escépticos nunca se aburren de poner la peor cara a la oración. Una de sus críticas más comunes es que los defensores de la oración seducen a la gente para que no utilice terapias «reales» como la medicación y los procedimientos quirúrgicos. Aquellos que defienden la oración, por lo tanto, están causando muertes. Es el argumento de que la oración es homicida.

¿Mata la oración? ¿Comparado con qué? Cualquier respuesta que demos debe tener en cuenta el registro de la medicina ortodoxa. Cada año casi dos millones de individuos que entran en los hospitales de este país adquieren infecciones que no tenían cuando entraron. De ellos, el ochenta por ciento muere. Ese es el equivalente a un gran accidente de avión comercial cada día, más víctimas que en la Guerra de Corea o de Vietnam, más de cuatro veces el número de muertos en accidentes de automóvil cada año, y más de la mitad de todos los que han fallecido en Estados Unidos por el SIDA. En muchos hospitales, cerca de un tercio de todas las admisiones en las unidades de cuidados intensivos se deben a causas iatrogénicas, que son problemas causados por los médicos y los tratamientos médico-quirúrgicos que empleamos. En cualquier otra esfera de la vida moderna esta situación se consideraría un escándalo nacional. Estas estadísticas no emergen de una orgía de médicos fiesteros o de una crítica «al sistema»; son simples datos. La cuestión es: si se tuviera que hacer una competición entre la oración y la medicina moderna, exponiendo las muertes directamente atribuibles a cada una, no habría necesidad de turnos, prórrogas o tiempos muertos. La medicina moderna ganaría el partido de la muerte con una victoria aplastante.

El *Physicians' Desk Reference* —el venerable vademécum *PDR*— es la guía médica para la prescripción de medicamentos y se ha publicado anualmente durante medio siglo. La cuadragésimo novena edición, para el año 1995, tiene casi tres mil páginas y pesa varios kilos. Un considerable porcentaje de este tonelaje se dedica a «Advertencias», «Contraindicaciones», «Precauciones» y «Reacciones adversas» para cada medicamento. Los efectos secundarios pueden ser triviales —un sarpullido, o nauseas— o fatales. Algún día la oración podría aparecer en una especie de *PDR* que describa sus riesgos. Si lo hace, es inconcebible que tenga tantos efectos secundarios adscritos a ella como las terapias que actualmente utilizamos.

Durante años los críticos han levantado cargos idénticos contra la oración y las terapias alternativas para el cáncer y han tendido a agrupar estos dos enfoques como fraudulentos. Aseguran que ambos matan porque alejan a la gente de los métodos comprobados de la quimioterapia, la cirugía y la radiación. Los terapeutas alternativos, se dice, apresan a la gente pobre, sin educación ni privilegios, a los ingenuos, los desesperados e irracionales. Los hechos dicen otra cosa. Las encuestas han demostrado repetidamente que la gente que opta por terapias alternativas generalmente tiene *mayores* niveles

de educación y bienestar, no menos. Y cuando la gente elige
terapias alternativas generalmente *no* abandona las medidas
ortodoxas, sino que las utiliza en conjunción con las alternativas. Tampoco piensa la mayoría de la gente que se tenga que
elegir entre la oración y la medicina convencional; cuando se
está seriamente enfermo, generalmente usan ambas.

Los hechos muestran que los estadounidenses no recu-
rren de repente a la oración cuando se ponen enfermos. La
gran mayoría ya está orando cuando llega la dolencia. Las
encuestas demuestran sistemáticamente que la gran mayoría de nosotros —un noventa por ciento de las mujeres y un
ochenta por ciento de los hombres— oramos regularmente,
incluso cuando estamos bien. La gente, por lo tanto, no se
vuelve a la oración de repente de la nada, como un sustituto
para la medicina convencional; la amplia mayoría ya llevaba
tiempo orando.

¿Mata la oración? Veamos cómo se aplica esta pregunta
a una medicina como la penicilina. Incluso cuando muere
gente muy alérgica a ella después de usarla, los médicos no
dicen que «la penicilina mata», sino más bien que el paciente
ha tenido una «mala reacción» a la sustancia. La medicación
es excusada; es el cuerpo el que ha fallado. Si aplicamos el
mismo razonamiento, nunca diríamos que la oración mate a
nadie. Si alguien expira después de confiar totalmente en la
oración, es porque su cuerpo reaccionó mal a ella. Mi tontería es intencional. Solo deseo señalar que deberíamos aplicar
una simetría crítica y no un doble rasero a todas las terapias:
medicación, cirugía, oración y todo lo demás.

CELEBRAR LA DIVERSIDAD DE LA ORACIÓN

Nunca olvidaré una experiencia que tuve en un coloquio de la radio después de la publicación de *Healing Words: The Power of Prayer and the Practice of Medicine* [Palabras que sanan: el poder de la oración y la práctica de la medicina]. La presentadora del programa era una mujer profundamente espiritual que quería centrarse en la universalidad de la oración. Hablamos de los estudios de laboratorio que mostraban que las oraciones de una gran variedad de religiones son contestadas, y hablamos acerca de las implicaciones ecuménicas de estos descubrimientos. Entonces ella abrió las líneas telefónicas, y se colapsaron en seguida. Los que llamaban estaban furiosos. ¡Cómo nos atrevíamos a sugerir que las oraciones de los no cristianos eran contestadas! ¡Algo que tenía que estar mal en los experimentos! Si las oraciones de los no creyentes parecían ser contestadas, la oración no era «real», sino obra de Satanás disfrazado. La presentadora estaba turbada; su programa nunca había provocado una respuesta tan venenosa.

A mí me recordó a un incidente revelador que tuvo lugar cuando un equipo de investigación en particular estaba haciendo experimentos sobre la oración. Sin que ellos lo supieran en ese momento, un grupo religioso cercano estaba orando vigorosamente para que los experimentos fracasasen. Había ironía en sus esfuerzos. Si realmente creían que las actividades de los experimentadores eran blasfemas e ineficaces, ¿por qué consideraban necesario sabotearlas? Era como si estos vigilantes de la oración supieran que hay diferentes clases de oración que *son* contestadas y no quisieran que este hecho se demostrase científicamente.

¿Pueden orar los agnósticos? Esto plantea la pregunta de si la oración requiere la creencia en un dios personal. Los budistas, que oran ávidamente, pertenecen a una religión no teísta. No dirigen sus oraciones a un dios personal sino al Universo. El budismo nos recuerda que uno no tiene por qué sostener una imagen de un dios personal para orar.

Michael, un amigo mío, es un agnóstico que ora «por si acaso» alguien está escuchando. Michael me dice que él quiere considerar todas las posibilidades. Él dirige sus oraciones «A quien le pueda interesar». Él se encuentra entre los miles de agnósticos de nuestra sociedad que oran, un hecho que ha sido confirmado por encuestas que evalúan los hábitos religiosos de los estadounidenses.

Muchos agnósticos, como Michael, son profundamente espirituales. A menudo tienen una idea de orden, belleza y majestad universal que simplemente no se fusiona con la imagen de un dios personal. Cuando oran a veces se sienten uno con «todo lo que hay», una experiencia que puede alcanzar una tremenda profundidad. Esta convicción de una unidad subyacente descansa en el fondo de las tradiciones místicas de todas las grandes religiones. Ciertamente no queremos insistir en que estos individuos con inclinaciones místicas no están orando simplemente porque sus creencias acerca de la naturaleza del Último puede que no coincidan con las nuestras.

Yo considero a estos «agnósticos místicos» como Michael como sinceros buscadores de la verdad que han penetrado en niveles profundos de comprensión sin las imágenes religiosas que mucha gente encuentra consoladoras. Su estética espiritual es espartana y parca comparada con la de la norma y su valentía a menudo es muy alto. Los agnósticos oran frecuentemente, a veces con devoción. Pueden enseñarnos mucho acerca de la tolerancia religiosa si escuchamos.

Muchos de nosotros sabemos en el fondo que está mal condenar a otros seres humanos a causa de cómo oran. Nos avergüenzan las guerras religiosas en las cuales hombres, mujeres y niños inocentes son torturados y asesinados en el nombre de un único camino verdadero. ¿Por qué es tan difícil honrar esta voz interior? ¿Por qué nos volvemos intolerantes con tanta facilidad con la gente que no es como nosotros?

Millones de personas en todo el mundo hablan inglés pero con maravillosos acentos diferentes. ¿No podemos considerar la oración, con sus muchas inflexiones, como una lengua común, universal? ¿No podemos deleitarnos en nuestras diferencias y celebrar nuestra diversidad?

Es un error criticar la religión como la única reserva de fundamentalismo de nuestra sociedad. Las creencias fundamentalistas se pueden encontrar en cualquier área, incluida la ciencia. Siempre hay científicos que creen que saben —por adelantado— cómo debe comportarse el universo, sin necesidad de experimentos. Los individuos de esta ideología a menudo están dispuestos a condenar la evidencia a favor de la oración sin darle una oportunidad justa, o sin ninguna oportunidad. Esto ha dado como resultado un fenómeno extraordinario, uno que nunca esperé ver: fanáticos religiosos y científicos dogmáticos en el mismo lado de la valla, aliados por una causa común.

Tal vez haya un modo de que los fundamentalistas religiosos de nuestra sociedad salven el cuello y honren la evidencia científica a favor de la oración al mismo tiempo. El *amor* y la *compasión* que uno lleva a la oración son extremadamente importantes. Los estudios científicos indican que si no están presentes, las oraciones tienen poco o ningún efecto. Puesto que los cristianos creen que «Dios es amor», cualquier oración que se levante en amor tendrá a Dios presente en ella. Los cristianos pueden conservar la creencia de que Dios siempre está presente en la oración, incluso en las oraciones de los agnósticos o de los no teístas como los budistas.

La ciencia muestra, pues, que la oración no pertenece exclusivamente a ninguna religión en particular, sino a una unidad de todas las religiones, clases y credos. La ciencia universaliza y democratiza la oración. Es una declaración a favor de la tolerancia religiosa. Yo personalmente creo que este es uno de los grandes regalos de las investigaciones sobre la oración.

ORACIÓN Y FALSA ESPERANZA

Mucha gente cree que es engañoso decir que la oración sana, puesto que todos moriremos al final. Argumentan que la oración solo es una falsa esperanza.

La falsa esperanza es un concepto controvertido. Algunas personas creen que la esperanza nunca puede ser falsa. Siempre existe la posibilidad de que las cosas pasen a ser mejores de lo predicho y que si realmente creemos en un buen resultado, podremos inclinar las probabilidades a nuestro favor. Otros, incluyendo muchos médicos, no están de acuerdo. Ellos dicen que sugerir a alguien con metástasis de cáncer de páncreas que la oración puede resultar una cura es poco ético. Es engañoso y cruel sugerir un resultado positivo cuando las estadísticas sugieren que es extremadamente improbable.

Pero la esperanza siempre está presente en cualquier situación médica. Cuando se le da una medicina contra el cáncer a un caso «sin esperanza» o cuando se realiza una operación a pesar de las grandes desventajas, el doctor está esperando un resultado positivo. Si los médicos no tuvieran esperanza, nunca actuarían. ¿Por qué estaría bien que los doctores invocaran la esperanza en situaciones desesperadas pero estaría mal que lo hicieran los pacientes?

Es fácil que los médicos se queden atrapados en esta red. Está bien esperar que la cirugía funcione, aunque la perspectiva sea desalentadora, pero no está bien esperar un efecto positivo de la oración. La confianza en la oración se convierte en una «falsa esperanza» mientras que la confianza en las medicinas y la cirugía sigue siendo «verdadera esperanza». Este juego no trata de la esperanza sino de la creencia, porque el médico realmente está diciendo que cree en los medicamentos y la cirugía pero no en la oración.

¿Pero en qué se basan esas creencias? He descubierto que la gran mayoría de médicos que despotrican contra la falsa esperanza y la oración generalmente están poco informados de la evidencia científica de que la oración funciona. Ellos opinan, en contra de los datos, que creer en la oración solo es una cuestión de fe. No es sorprendente, por lo tanto, que la oración esté ampliamente desdeñada en la medicina moderna como representante de la falsa esperanza.

En cualquier situación, ¿por qué no podemos poner nuestra fe y esperanza en *ambos* métodos? No hacemos que las medicinas y la cirugía se opongan entre sí, o la cirugía y la radiación. ¿Por qué enfrentar cualquier método a la oración? Confiar en métodos ortodoxos *y* en la oración cubre más posibilidades que usar solo uno de ellos. Como me escribió un paciente concisamente: «Elegir un programa de tratamiento contra el cáncer me resultó pan comido. La quimioterapia funciona. La oración funciona. No interfieren entre sí. Opto por ambas».

A algunos médicos les preocupa que la oración cree tanta falsa esperanza que incite a la gente a abandonar la valiosa medicina y la cirugía. Sin duda uno puede encontrar casos esporádicos en los que alguien intenta improvisar solo con la oración y muere como resultado, pero la extensión de este problema seguramente se ha exagerado mucho. Debemos equilibrar estos casos con aquellos en los que la oración se asocia con la sanación o en los que actúa sinérgicamente con los métodos ortodoxos. Por desgracia, rara vez los que han desdeñado la oración hacen esto. Debemos también reconocer aquellos casos en los que los individuos mueren cuando se retira la esperanza o es saboteada por el personal médico. Estos casos son numerosos. Muestran que la esperanza puede sostener la vida y que su ausencia puede matar.

Muchos críticos creen que la oración crea falsas esperanzas porque no funciona el cien por cien del tiempo. Pienso que esto es un punto de vista extremadamente extraño. Ninguna terapia conocida para la medicina moderna es cien por cien eficaz; todas tienen tasas de fracaso. Además, uno nunca puede predecir con antelación si una terapia funcionará o no; se intenta y se ve. La oración no es diferente a la medicina o la cirugía a este respecto. A veces la oración funciona, a veces no; uno nunca lo sabe por adelantado. Pero, puesto que los estudios controlados muestran que la oración estadísticamente tiene un efecto positivo al aportar una mayor salud en una gran variedad de organismos vivos, ¿por qué no usarla? ¿Por qué enterrar la oración en la tumba de la falsa esperanza?

Durante mucho tiempo he sospechado que a muchos críticos que condenan la oración como falsa esperanza no les gusta por razones personales que no se sienten libres de discutir, o porque no son siquiera conscientes de ello. Tal vez hayan tenido experiencias decepcionantes con la oración cuando eran más jóvenes, cosa que es muy común. Tales experiencias a menudo llevan a una antipatía hacia la religión en general. Estas actitudes pueden ser comprensibles, pero no vienen de un médico científicamente guiado. Al decidir si la oración representa o no una falsa esperanza, debemos tener en mente los siguientes hechos:

- *La oración funciona.* Más de 130 estudios de laboratorio controlados muestran, en general, que la oración o un estado parecido de compasión, empatía y amor pueden conllevar cambios saludables en muchas clases de seres vivientes, desde humanos hasta bacterias. Esto no significa que la oración funcione *siempre*, no más que la medicina y la cirugía, sino que, estadísticamente hablando, la oración es eficaz.

- *La esperanza sana.* La fe ayuda a movilizar las defensas de una persona y estimula el bienestar, y el optimismo conduce generalmente a mejores resultados. Cientos de historias de casos y estudios científicos afirman esta observación. Solo como ejemplo, el psiquiatra Thomas Oxman y sus compañeros de trabajo del Dartmouth Medical School investigaron el papel que jugaba «la actividad y el sentimiento religioso» en 232 pacientes de más de cincuenta y cinco años que experimentaron cirugía cardiaca. Sus descubrimientos: aquellos que obtenían al menos algo de fuerza y consuelo —¡esperanza!— de la religión tenían más posibilidades de vivir más tiempo después de una cirugía cardiaca que los que no.

• *La falta de esperanza mata.* Numerosos estudios en humanos muestran que podemos morir como resultado de creencias nefastas y de una sensación de sobrecogedora inutilidad.

Hay un espectro de esperanza. En un extremo, la esperanza *puede* ser falsa; por ejemplo, la dulce y alegre predicción de que el paciente con un ataque al corazón estará fuera de la cama al día siguiente o que el paciente de cáncer se pondrá a dar brincos al final del día. En el otro extremo del espectro están las predicciones fúnebres de fatalidad que están en desacuerdo con la situación presente. (Los médicos llaman a estos agoreros «plañideros», como el viejo oficio de ir a llorar a los entierros.) Ningún extremo de este espectro es apropiado; ambos son probablemente poco éticos. El mejor lugar en el que estar es algún punto entre medias.

¿Pero dónde? ¿Qué extremo del espectro escogeremos para enfatizar al lidiar con personas enfermas? Aunque tratemos de ser neutrales, el individuo enfermo *percibe* esperanza o negatividad en nuestro comportamiento, nuestras palabras y en el porte. No hay fórmulas que seguir. Cada individuo, cada médico, cuando trate con la enfermedad, debe encontrar su propio lugar y mantenerse en el espectro de la esperanza.

Por fortuna, «el problema de la esperanza» es más un problema para doctores que para pacientes. En mi carrera como médico he escuchado una gran cantidad de quejas acerca de la «falsa esperanza», pero todas venían de los médicos, ninguna de una persona enferma. Durante la enfermedad muchos individuos son capaces de hacer una valoración acertada de dónde se encuentran. De algún modo parecen saber lo que les depara el futuro, y no es probable que se dejen engañar por una alegre despreocupación o una falsa esperanza. Su «detector de sandeces» (una frase que escuché por primera vez del teólogo y psicólogo San Keen) normalmente funciona bastante bien.

Los familiares y amigos de pacientes enfermos y moribundos me han preguntado muchas veces cómo debían comportarse cuando visitaban a sus seres queridos en el hospital. ¿Debían enfatizar la esperanza? ¿Debían ser optimistas? Casi siempre las palabras no importan. La persona enferma necesita amor, no charlas. Así que para aquellos a los que les preocupa la falsa esperanza: no se preocupen. Si ofrecer esperanza te molesta, ofrece amor en su lugar. Nadie se siente molesto por el «falso amor». El amor, como la esperanza, cura. Es el mismo fundamento de la oración. Si permitimos que la esperanza se mezcle con el amor, «el problema de la falsa esperanza» se evaporará.

ORAR POR OTROS SIN SU CONSENTIMIENTO

No creemos que necesitemos permiso para *amar* a otra persona. ¿No podemos *orar* por los demás sin su consentimiento, si nuestras oraciones están motivadas por la compasión y el amor?

Consideramos algunas clases de comportamiento humano más allá del reproche: proporcionar comida y abrigo, rescatar a alguien en peligro, ayudar a enfermos y moribundos. Ofrecer una oración de amor es similar.

He descubierto, sin embargo, que hay extraños individuos que se oponen drásticamente a la oración. Una de esas personas que yo conozco es un hombre extraordinariamente brillante que valora la capacidad intelectual por encima de todo. Cree que nuestra tarea más noble en esta vida es aplicar el poder de la razón a los problemas que se nos oponen y vivir con tanta valentía como sea posible. Desprecia lo que él llama los falsos consuelos de la religión. No solo está convencido de que la oración no sirve para nada, sino que cree que es un pretexto, una negación para enfrentarse directamente con nuestros problemas. Al final, insiste él, debemos salvarnos a nosotros mismos; ningún dios imaginario lo hará por nosotros. Cuando descubrió que una amiga estaba orando por él, se enfrentó a ella furioso y enfadado. La oración, acusó, es un modo arrogante y condescendiente de imponer sobre los demás los puntos de vista de uno. ¡Cómo se *atrevía* esta amiga a pretender saber lo que era mejor! Le ordenó a su amiga que se guardara para sí sus oraciones.

Existe una curiosa ironía en protestas como esta. Si el hombre objeto de la oración realmente cree que esta es ineficaz, ¿por qué le preocupa que se entrometa en su vida? Irónico o no, las preocupaciones de aquellos que no desean que se ore por ellos traen a la palestra la cuestión del consentimiento. ¿Cómo procederemos en este delicado aspecto?

Ha habido dos factores que han influido mi forma de pensar en cuanto a la cuestión del consentimiento. Uno, ya mencionado, es el amor. El otro es la urgencia.

Imagina que estás de vacaciones con tu familia en el Gran Cañón. Estás de pie en el borde, asombrado por la imponente majestad de las vistas sin límite. De repente te das cuenta de que tu amigo más querido se ha deslizado debajo de la barandilla de protección y está paseando alegremente hacia un precipicio de trescientos metros. En esta situación actuarías lo más rápido posible para apartar a tu amigo del peligro. Nunca te pararías a obtener su consentimiento.

Muchas situaciones que implican oración son urgentes del mismo modo: el ser amado que se acaba de ver envuelto en un accidente de tráfico, el cónyuge que está teniendo un ataque al corazón. La oración por otros en estas circunstancias es una acción inmediata y refleja. Oramos sin reflexionar y no nos importa el consentimiento. Pero la mayoría de situaciones que necesitan oración son un proceso: el amigo diagnosticado con cáncer, una guerra prolongada, la pobreza en las zonas marginales. Si la situación se extiende a largo plazo, ¿es diferente la ética de la oración?

En circunstancias ambiguas donde simplemente no sabemos el modo correcto de proceder, he descubierto que el mandamiento budista «Ten buen corazón» es útil. Tener un buen corazón significa cuidar profundamente sin ningún interés oculto. ¿Cuando oramos estamos expresando amor genuino o estamos intentando poner una «zancadilla» a alguien? ¿Estamos actuando por compasión o estamos usando la oración como un modo sutil de controlar a la otra persona? ¿Es auténtica nuestra empatía o estamos imponiendo nuestras triviales preferencias sobre alguien bajo la apariencia de la oración?

Algunos de nosotros no pensamos mucho en la cuestión del consentimiento cuando oramos porque sospechamos que la oración podría no funcionar en primer lugar. Si la oración es ineficaz, el consentimiento no importa. ¿Pero y si la oración es *más* eficaz de lo que pensamos? Cuanto más convencidos estemos de que la oración funciona realmente, más importante se volverá la cuestión ética.

Las cuestiones éticas sobre orar por los demás pueden convertirse en algo importante legalmente. Si un oficial de policía desea inspeccionar tu casa, necesita una orden de registro. Si tú quieres orar por mí, ¿necesitas un consentimiento firmado? Si no lo tienes, ¿estás invadiendo mi privacidad sin una causa justificada? No es difícil imaginar futuras demandas basadas en el derecho a la privacidad.

Complicar esta área es la considerable evidencia de que la oración puede dañar igual que sanar. Varios experimentos científicos muestran que podemos retardar los procesos biológicos en organismos vivos del mismo modo que podemos ayudar a estimularlos, en la distancia, sin que el recipiente sea consciente. Esto implica que la oración, al igual que cualquier medicación o procedimiento quirúrgico, tiene efectos secundarios potenciales. A los cirujanos se les requiere actualmente que obtengan un consentimiento firmado que detalle los peligros potenciales antes de realizar cualquier procedimiento quirúrgico. Si la oración tiene efectos secundarios, ¿debería el que ora obtener un consentimiento de aquel por quien se ora antes de interceder?

Va a ser cada vez más difícil ignorar las potenciales ramificaciones legales de la oración. ¿Significa eso una bonanza para los abogados? ¿Se desarrollará una nueva área —la ley de oración— dentro de la profesión legal? (Aquellos que creen en el poder de la oración pueden empezar a orar *ahora* para que nos ahorremos la invasión de abogados dentro de otro nicho de nuestras vidas.)

El doctor Anthony Rippo, internista y fundador del Instituto Santa Fe de Medicina y Oración, se toma el consentimiento para orar con seriedad. El doctor Rippo encuentra convincentes las evidencias científicas a favor de la oración. Antes de orar por sus pacientes les entrega una declaración escrita de su deseo de hacerlo, pero añade que orará por ellos solo si no tienen objeciones. Si un paciente declina su oferta, el doctor Rippo elimina su nombre de la lista de oración. Su sistema funciona maravillosamente. Casi todos los pacientes del doctor Rippo están sumamente agradecidos de que él quiera orar por ellos, y es raro que haya pacientes que declinen sus oraciones.

La cuestión de la oración y el consentimiento requiere pisar con cuidado en un territorio sensible y complejo, como muestra el siguiente caso:

> Hace algunos años Stephen, un amigo de mi marido, se vio implicado en un accidente de tráfico casi mortal y sufrió graves heridas. Inmediatamente pusimos en marcha varias cadenas de oración en nuestra iglesia y en otras iglesias también. Sus cirujanos se quedaron asombrados de que sobreviviera a las operaciones que salvaron su vida, y dijeron que su respuesta fue un milagro. Mientras se recuperaba seguimos orando. Pero aunque antes había sido un exitoso hombre de negocios, un padre ideal y un líder de la comunidad, ahora las cosas no eran igual. Parecía haber perdido su vitalidad y sus ganas de vivir. Estaba apático, como si nada le importase. Discutía, estaba malhumorado y era difícil de tratar. Fue un cambio radical a su antiguo ser jovial. Se volvió indiferente a su mujer y sus hijos. Nada le parecía bien.
>
> Diez años después murió de causas naturales. Cuando él murió yo había desarrollado la práctica de sentarme a meditar durante veinte minutos cada mañana. Varios días después de la muerte de Stephen me vi sorprendida durante mi meditación por su presencia. Estaba de pie frente a mí y se reía —su antiguo

comportamiento feliz—, y dijo: «Finalmente triunfé sobre todos ustedes». Y después se marchó. Cuando lo analicé solo pude llegar a una conclusión. Stephen no quería vivir o quizá se suponía que no debía haber vivido. Pero el poder de todas aquellas oraciones por su recuperación le habían traído de vuelta.

El accidente de Stephen y nuestras oraciones por su supervivencia tuvieron lugar mucho antes de que la mayoría de nosotros nos hubiéramos vuelto conscientes del poder del pensamiento y de la importancia de nuestras decisiones. Después de aquella experiencia mientras meditaba me volví mucho más consciente de las imágenes que pensaba y las palabras que escogía en la oración intercesora.

Hay una clase de oración que evita gran parte de los problemas del consentimiento. Si simplemente decimos «Hágase tu voluntad», «Que prevalezca el mejor resultado» o «Que resulte el bien mayor», no estamos imponiendo nuestros deseos personales a los demás. Estamos invocando a una sabiduría mayor que la nuestra sin decirle al mundo qué hacer. Esta clase de oración ha sido llamada oración estratégica *no direccionada*, en contraste con el método *direccionado* en el que el orador pide por un resultado específico. Los experimentos que han comparado estas diferentes estrategias de oración muestran que *ambas* funcionan. *Podemos* marcar una diferencia a través de la oración sin dictar el resultado.

Las oraciones del tipo «Hágase tu voluntad», ofrecidas con amor, son uno de los mejores enfoques para orar sin consentimiento.

USAR FONDOS PÚBLICOS PARA INVESTIGAR LA ORACIÓN

Soy consciente de que usar fondos públicos para investigar la oración es controvertido, pero no tanto como pudiera parecer. Cerca de un noventa por ciento de la gente ora, y la aplastante mayoría parece favorecer los fondos públicos en las investigaciones sobre la oración. Muchos de ellos dicen: «Es un modo maravilloso de usar el dinero de mis impuestos, comparado con cómo se suelen gastar». Siento que la gente debería estar informada acerca de este debate, que seguramente logrará mucha atención en el futuro.

En 1992 el congreso creó la Oficina de Medicina Alternativa dentro del Instituto Nacional de la Salud. La misión de la oficina incluye evaluar las terapias no convencionales prometedoras, y se centra en tres preguntas: ¿Funcionan esas terapias? ¿Tienen efectos secundarios? ¿Son rentables? La Oficina de Medicina Alternativa no realiza la investigación original; evalúa y financia estudios propuestos por investigadores externos. Para ser considerada para la financiación, una propuesta debe tener méritos científicos.

Uno de esos estudios fue propuesto por Scott Walker, doctor en medicina de la Facultad de Medicina de la Universidad de Nuevo México en Albuquerque. El doctor Walker diseñó un estudio que evaluaba el efecto de la oración intercesora distante en un programa de rehabilitación para alcohólicos y drogadictos. Era un estudio doble ciego en el que ni el equipo médico ni los participantes sabían quién estaba recibiendo la oración y quién no. ¿Haría alguna diferencia la oración? ¿Lo harían mejor aquellos por los que se oraba que aquellos que solo estaban siendo tratados convencionalmente? (Al tiempo de escribir esto todavía se esperan los resultados del estudio del doctor Walker.)

En 1994, cuando la Oficina de Medicina Alternativa sacó a la luz una lista de los estudios que había financiado, la atención de los medios se centró en el estudio sobre la oración de la Universidad de Nuevo México. La mayoría de las grandes cadenas de televisión de Estados Unidos pidieron permiso al doctor Walker para enviar equipos de grabación a Albuquerque para «filmar la oración en acción». Para su mérito eterno, el doctor Walker, como buen científico, lo desestimó. Simplemente dijo: «Déjenme hacer el estudio primero; regresen más tarde».

Cuando se conoció la noticia del estudio, las críticas estallaron. Una de las objeciones más vehementes vino de la Freedom From Religion Foundation [Fundación para la libertad de la religión] de Madison, Wisconsin. Esta organización escribió una carta a Donna Shalala, secretaria del Departamento de Salud y Servicios Humanos, censurando el hecho de que se estuviera gastando el dinero de los impuestos federales en evaluar la oración y demandaba que nunca se permitiera que ocurriese de nuevo. Esto era una violación, mantenían, de la separación constitucional entre iglesia y estado. La secretaria Shalala y su departamento no ofrecieron una respuesta formal. Pero el incidente fue noticia en una importante agencia y apareció en periódicos de todo el país. Annie L. Gaylor, portavoz de la Freedom From Religion Foundation, dijo: «Si supiera que mi médico está orando por mí, conseguiría otro doctor. Preferiría que creyesen en la medicina», dando por supuesto que los médicos no pueden creer en ambas cosas y que los agnósticos son mejores doctores. Gaylor negó que existiese cualquier evidencia que apoye los efectos de la oración, ignorando aparentemente el rico corpus de hallazgos experimentales en esta área.

El doctor Walker y sus colegas de la facultad de medicina respondieron declarando que ellos no estaban promoviendo la oración o la religión. Si cualquier técnica o terapia afecta a la salud humana, aseguraron, la ciencia médica debe estudiarla. Señalaron que esa financiación federal ha sido utilizada durante mucho tiempo para estudiar los efectos saludables de las prácticas religiosas en general, incluyendo la oración. Ellos estaban investigando una terapia que había parecido prometedora en otros estudios. Sus experimentos no eran nuevos.

El debate sobre la financiación pública de la investigación sobre los efectos de la oración en la salud continúa. Los críticos parecen estar mal informados generalmente acerca de los datos que se han ido acumulando en esta área durante décadas, que sugieren con firmeza que la oración es buena para la salud. Se han formado extrañas alianzas entre aquellos que se oponen a la investigación científica de la oración. Aquellos que objetan la financiación de los estudios sobre la oración sobre una base constitucional se han unido con grupos religiosos que creen que «probar a Dios» en el laboratorio es una herejía. A este redil han llegado unos cuantos científicos escépticos acerca de la oración y que creen, como principio, que no debe ser estudiada. ¡Para unir a grupos tan divergentes, la oración debe ser realmente poderosa!

Esta clase de oposición no es nueva. Cuando Benjamin Franklin inventó el pararrayos en la América colonial los fanáticos religiosos se opusieron vehementemente. Estaba mal, clamaban, desviar el rayo de las casas de los pecadores, a quienes Dios lo había dirigido como forma de castigo. Los pararrayos, por lo tanto, eran blasfemos; contravenían la voluntad del Todopoderoso. A los objetores religiosos no les convencía el hecho obvio de que el pararrayos también podía usarse para proteger las viviendas de los justos, que incluían, presumiblemente, las suyas propias.

Cuando la evidencia científica que apoya los efectos saludables de la oración se conozca mejor, la resistencia disminuirá. Mientras continúa este debate, los científicos serios siguen estudiando los efectos saludables de la oración silenciosamente, fuera de la luz pública. Mientras lo hacen, aquellos que se oponen a estos acontecimientos no necesitan preocuparse excesivamente; casi todos estos estudios se financiarán con capital privado, no público. Y cuando se revelen los datos veremos, si los estudios pasados son una guía, que la oración funciona, y que esta, como los pararrayos, puede usarse en beneficio tanto de los creyentes como de los incrédulos.

MALA PRAXIS MÉDICA Y EL FRACASO AL USAR LA ORACIÓN

En mayo de 1995 el *Journal of the American Medical Association* publicó un artículo titulado: «¿Deben los médicos prescribir oración para la salud?». Este artículo describía la creciente evidencia de que la práctica religiosa, incluida la oración, se correspondía con una mejora de la salud física. La aparición de esta información en el *JAMA* es profética; indica que nunca antes tantos médicos se habían enfrentado a cuestiones acerca de la oración en su práctica médica. Estas investigaciones están planteando preguntas profundas. Si la evidencia que favorece la oración es válida, como muchos expertos creen, ¿está justificado que los médicos la ignoren? Si la oración funciona, ¿cómo podemos los médicos justificar el no informar a nuestros pacientes de que la oración puede ayudar?

Me enfrenté a este dilema en mi propia práctica de la medicina interna. Después de encontrar estudios científicos que apoyaban la oración cada vez me fui encontrando más sorprendido por este corpus de información. Me preguntaba: ¿debería estar usando la oración en beneficio de mis pacientes? Decidí que *no* hacerlo sería el equivalente a retirar una medicación necesaria o un procedimiento quirúrgico, y comencé a orar por mis pacientes diariamente.

¿Llegaremos a un punto en que los médicos que ignoren la oración serán juzgados como culpables de mala praxis?

La mala praxis no tiene un significado absoluto. Se define legalmente según los estándares de los cuidados médicos que prevalecen en cierta comunidad. Como los estándares varían, la mala praxis es un concepto cambiante y difiere según el lugar.

¿Qué pasaría si la mayoría de médicos de cierta área se convencieran de que la oración es eficaz y comenzasen a recomendarla a sus pacientes? ¿Significaría esto que sus colegas que no siguen el estándar de esta nueva comunidad son culpables de mala praxis? Tal vez no, porque la tendencia es ver la oración como una intervención religiosa, no médica. Pero esta visión puede cambiar según se vayan conociendo las evidencias científicas que apoyan los beneficios físicos de la oración.

La oración *sí es* una cuestión médica y científica. Hoy se están realizando cerca de 130 estudios científicos controlados que investigan los efectos de la oración intercesora, y casi la mitad de ellos muestran evidencias estadísticas de que la oración tiene un efecto significativo. Además, más de 250 estudios muestran que, como promedio, las prácticas religiosas que incluyen la oración promueven la salud. Un creciente número de médicos está descubriendo este cuerpo de datos por medio de artículos como el mencionado arriba en el *Journal of the American Medical Association*, y en varios libros. Está habiendo conferencias históricas, como el simposio sobre «Espiritualidad y Sanación en Medicina» en la Escuela de Medicina de Harvard en diciembre de 1995 que organizó el doctor Herbert Benson, pionero en la investigación sobre la oración.

A medida que haya más conferencias y publicaciones científicas que enfaticen los últimos descubrimientos en esta área, el estándar de cuidados médicos en nuestra sociedad podrá ser reformado para incluir la oración como una intervención legítima y científicamente válida. ¿Qué pasará cuando la recomendación de orar se vuelva la norma? ¿Serán culpables de no cumplir los estándares los médicos que no recomienden la oración?

Como con casi todas las terapias, la *derivación* también puede ser un concepto clave en cómo se usa la oración. Como internista no se espera que yo realice cirugía cerebral a mis pacientes, sino que debo derivarlos a un neurocirujano cualificado. Es lo mismo con la oración. Un médico puede elegir no orar por sus pacientes. Pero si el uso de la oración es un estándar en esa comunidad de doctores, el médico puede derivar pacientes a fuentes externas para que oren, como ministros, sacerdotes, capellanes de hospital o grupos de oración comunitarios. Al hacerlo el médico ha cumplido con la obligación del estándar de cuidados de su comunidad.

Cuando nos tomamos la oración con seriedad en la práctica médica, puede que surjan otras cuestiones legales. ¿Deben los médicos orar por sus pacientes sin su consentimiento? ¿Es la oración no solicitada una invasión de la privacidad (ver páginas 48-54)? ¿Cómo podemos evitar que los médicos entusiastas de bata blanca impongan sus creencias religiosas privadas sobre sus pacientes y los evangelicen con el pretexto de la oración?

Hay otro aspecto en la cuestión de la mala praxis y la oración: no el fracaso de usarla sino la decisión de emplearla. En un artículo del *Wall Street Journal* sobre las pruebas científicas de la oración, Richard J. Goss, profesor emérito de biología de la Universidad de Brown, dice: «Si mi doctor orase por mi recuperación, consideraría un juicio por mala praxis». Puede ser difícil ganar un caso así. Como ya señalamos, la mala praxis se define según el estándar de atención médica de cierta comunidad. Si aproximadamente la mitad de los médicos estadounidenses oran por sus pacientes, como se muestra en una reciente encuesta del Instituto Nacional de Estudios de la Salud, podría ser un terreno de arenas movedizas demandar a un médico debido a que este orase por un paciente. Si la oración es la norma entre médicos, no parecería ser mala praxis.

¿Cuán a menudo los pacientes se disgustarían por descubrir que su doctor ha orado por ellos? Probablemente sería infrecuente. En una encuesta más del setenta y cinco por ciento de los pacientes creían que su médico debía tratar cuestiones espirituales como parte de sus cuidados. Un amplio cuarenta por ciento querría que su médico discutiera activamente cuestiones espirituales con ellos. Cerca de un cincuenta por ciento de los pacientes hospitalizados querrían que sus médicos orasen no solo *por* ellos, sino *con* ellos.

A pesar de estas tendencias, algunos médicos prefieren no tener nada que ver con la oración, y eligen no derivar a sus pacientes para que otros oren por ellos, ni usar la oración ellos mismos. Quizá pacientes que comparten estas visiones serían atraídos por doctores así. ¿Surgirán en el futuro «prácticas médicas libres de oración»?

Mientras continúa el debate sobre el lugar de la oración en la medicina, tengamos presente que nada puede *hacer* que a los médicos les guste la oración. La oración demandada, requerida y forzada adolece del amor y la empatía genuinos que la alimentan. Si un médico quiere orar por un paciente, ese paciente es afortunado, pero todos los abogados y códigos de mala praxis de la tierra son impotentes para crear un lugar para la oración empática en el corazón de un médico si no está ya presente.

No es una gran legalización, sino la sacralización de la medicina lo que más necesitamos.

¿QUERRÍAS UN MÉDICO QUE ORA?

Una vez necesité una operación para una hernia discal en mi espalda que me tenía incapacitado y con un inmenso dolor. Cuando las medidas más sencillas dejaron de funcionar, elegí la cirugía. Al elegir a mi cirujano sopesé varios factores. Mi criterio principal era la habilidad técnica y la experiencia del cirujano, no sus creencias religiosas privadas. Estaba más preocupado de si el cirujano estaba certificado por el consejo en la práctica de la neurocirugía que si era diestro en la práctica de la oración. Pensaba: «Usted encárguese del escalpelo; yo me encargaré de la oración».

No es necesario que la oración se origine en la persona que lleva el estetoscopio. Podemos orar en lugar del médico y podemos reclutar a gente de fuera —familiares, amigos, ministros, sacerdotes— para que hagan lo mismo.

Una encuesta reciente del doctor David B. Larson y sus colegas del Instituto Nacional de Estudios de la Salud de Rockville, Maryland, averiguó que el cuarenta y tres por ciento de los médicos estadounidenses ora por sus pacientes. ¿Cómo sabes que tu médico no es uno de ellos? Muchos médicos oran en silencio y soledad. Parece que se toman al pie de la letra la indicación de Jesús de «entrar en tu aposento» cuando se ore, y creen que esas oraciones son igual de eficaces que las que se profieren junto a la cama del paciente.

La oración está de regreso en la medicina, y mientras lo hace irá siendo más sencillo encontrar médicos que sean expertos profesionales y que también crean en la oración. Hasta entonces, ¿cómo debemos proceder? Si puedes encontrar un médico con habilidades técnicas y que además ore por sus pacientes, mucho mejor. Pero si te enfrentas a elegir entre un médico que ora y cuyas cualidades profesionales son cuestionables o un médico que no ora cuya técnica es excelente, mi consejo es que elijas al médico bien dotado técnicamente... y que hagas la oración tú mismo. Si tienes un tumor cerebral y solo hay un neurocirujano cerca, probablemente no sea una buena idea rechazarlo porque no ore.

Cuando necesitamos cuidados médicos, la mayoría de nosotros queremos que nuestro médico sea de la misma opinión que nosotros en lo religioso. Pero debemos tener cuidado de no establecer demasiadas exigencias religiosas en los médicos que nos atiendan. Debemos recordar que han existido grandes sanadores en culturas que alababan a dioses diferentes de los nuestros; entre ellos está Hipócrates, el legendario padre griego de la medicina occidental, y el gran médico persa Avicena. Obviamente, uno puede ser un médico magnífico y no orar a un dios específico... o quizá no orar en absoluto. Conozco a médicos agnósticos y ateos de habilidades extraordinarias que se preocupan profundamente por sus pacientes, y que son amados por aquellos a los que atienden. También conozco a médicos que oran por rutina pero cuyos pacientes apenas pueden soportarlos. Del mismo modo que las habilidades curativas no se limitan a los médicos graduados en cierta facultad de medicina, tampoco están limitadas a aquellos que profesan cierta religión o que oran.

—␣—

Como paciente preferiría un médico que ora, en igualdad de condiciones. Pero puesto que pocas veces hay igualdad de condiciones, preferiría a un cirujano experto y ateo que blasfeme como un carretero a uno que nunca falte a la iglesia pero que sea torpe en el quirófano.

Si solo la oración hiciera buenos médicos, podríamos cerrar las facultades de medicina mañana mismo. Algo me dice que deberíamos mantenerlas abiertas.

TERCERA PARTE

¿QUÉ ES LA ORACIÓN?

—∽∽—

EL UNIVERSO ES ORACIÓN

Nadie sabe cuándo o dónde comenzó la oración. Hace casi dos mil años Plutarco, el biógrafo e historiador griego, se tropezó con este hecho. Observó: «Si atravesamos el mundo, es posible encontrar ciudades sin murallas, sin letras, sin riqueza, sin moneda, sin escuelas o teatros: pero una ciudad sin un templo, o que no practique la adoración, la oración y cosas así, eso nadie lo ha visto jamás».

Los científicos a menudo intentan explicar los orígenes de la oración aplicando los conceptos de la evolución biológica. Según la teoría de la evolución, aquellos rasgos y comportamientos que ayudan a un individuo a sobrevivir y reproducirse son perpetuados en el tiempo. A la larga, la buena agudeza visual, la velocidad y la coordinación muscular triunfaron sobre la mala visión, la lentitud y la torpeza. El hecho de que la oración sobreviviera al largo curso de la evolución sugiere que eso, también, podría haber concedido una ventaja al orador; de otro modo probablemente se habría quedado en agua de borrajas hace mucho tiempo. ¿Cuál era la ventaja que ofrecía la oración?

Los seres humanos, dice esta especulación, experimentaron la urgencia de orar cuando se vieron en medio de un entorno hostil donde el hambre y la muerte eran factores vitales siempre presentes. En necesidad de ayuda, comenzaron a mirar más allá de sí mismos e imaginaron espíritus y dioses ilusorios. Por tanto, la oración tiene su raíz en el miedo y la desesperación. Los escépticos aseguran que hoy oramos básicamente por las mismas razones. Ya sea que oremos por sanación o para ganar la lotería, seguimos buscando ayuda fuera de nosotros mismos, igual que hacían nuestros antecesores.

Pero si la oración fuera solo fantasía y autoengaño, ¿por qué sigue con nosotros? ¿Por qué no habría desaparecido simplemente en medio de la larga marcha de la evolución? No hay problema para el evolucionista. Si uno ora y está convencido de que la ayuda viene en camino, es probable que intente hacer real el resultado deseado. Sea o no fantasía, la oración renueva nuestros esfuerzos y nos anima a hacer que sucedan las cosas. Aquellos que oran, por lo tanto, tienen una ventaja en el arriesgado juego de la supervivencia. Y como cualquier comportamiento que conceda una ventaja así tiende a ser perpetuado, la oración sigue con nosotros.

Por ordenado que pueda parecer este razonamiento, las teorías de la biología evolutiva tienen problemas. Los biólogos no tienen explicación alguna para los efectos *distantes* o *no locales* de la oración. Saben de antemano que esta clase de fenómenos *no pueden* ocurrir porque la mente no puede escapar de los confines del cerebro y el cuerpo. El problema es que estos sucesos *sí* ocurren. Cuando se ha puesto a prueba en decenas de experimentos en laboratorios modernos, la oración funciona de forma no local, en la distancia.

Pero los biólogos tienen razón en un punto. La oración *sí* le da ventaja a la persona que ora. Pero la ventaja no se encuentra solo en «intentar con más ahínco» hacer realidad los deseos, aunque esto pueda ocurrir en cierto grado. La oración realmente amplía el alcance de la conciencia humana. Es un modo por el que podemos trascender nuestras limitaciones físicas: ser no locales, como dioses.

La capacidad de la conciencia para funcionar de forma no local, en la distancia, como en la oración distante, casi es seguro que no se originó en los humanos. Los animales y los pájaros pueden saber a distancia. Por ejemplo, hay relatos cuidadosamente documentados de animales perdidos que han encontrado a sus dueños a través de cientos o miles de kilómetros, viajando hacia destinos precisos que nunca antes habían visitado. Estos casos son inexplicables por medio de teorías «migratorias», hipótesis que implican navegación solar o estelar o por medio de cristales sensibles al magnetismo en el cerebro. La capacidad de estas criaturas de tener modos de saber no locales también puede ser una forma de oración, una capacidad que los humanos también usamos cuando realizamos la oración intercesora o distante.

¿Pueden las raíces de la oración extenderse en la naturaleza más allá de los humanos, los animales y las aves? ¿Podrían las raíces de la oración extenderse a la misma materia? En toda la ciencia, la evidencia experimental más profunda para la existencia de sucesos no locales se encuentra en el campo subatómico. Si uno separa dos electrones que alguna vez hayan estado en contacto y los coloca bien separados uno de otro, un cambio en uno es asociado con un cambio inmediato en el otro. La distancia es arbitraria; pueden estar estacionados en lados opuestos del universo. Los electrones no «hablan» entre sí, porque los cambios son instantáneos, lo que significa que no hay tiempo para que se transmita entre ellos una señal de cualquier tipo. Por lo tanto, las partículas distantes se comportan como si fueran una sola de algún modo, unidas en un único todo. Esta puede ser la clase de «contacto» más fundamental que se haya identificado jamás: estar tan íntimamente conectados que las dos entidades resuenan completamente la una con la otra, sin importar lo separadas que estén.

¿Es el contacto externo de las partículas subatómicas una forma de oración? Si es así, el universo entero es oración.

Hay un viejo dicho: «Si quieres esconder un tesoro, ponlo a simple vista». Si el contacto externo y no local de las partículas subatómicas es una clase de oración, entonces la oración está a nuestro alrededor y en nosotros. Estamos bañados en ella, en los átomos y elementos que forman nuestros cuerpos; la comemos, la bebemos y la respiramos. La oración no es solo algo que hacemos, es algo que *somos.*

¿Podemos abrir los ojos al tesoro?

LA ORACIÓN ES UNA ACTITUD DEL CORAZÓN

Una de mis mejores amigas, Anne, tiene cinco años. Sus padres son bastante religiosos y la llevan mucho a la iglesia. Como resultado, Anne está muy a favor de la oración, y se ha convertido en una de mis informantes favoritas en cuestiones espirituales. Algunas veces me enseña más de lo que espero. Durante una de nuestras charlas ella lanzó una importante pregunta. «Larry —inquirió—, ¿por qué es tan *ruidosa* la oración?».

La duda de Anne me hizo volver al punto de partida. ¿Qué *es* la oración, y por qué creemos normalmente que está conectada con el habla? Esta «visión habladora» de la oración normalmente comienza en la infancia dando gracias antes de las comidas y cuando es hora de irse a dormir. Para cuando llegamos a adultos, la oración se ha vuelto ruidosa. Con los años, nuestro concepto de oración incorpora no solo el supuesto de que la oración implica palabras, sino también muchas otras características. Normalmente implica algo como esto:

Orar es hablar en voz alta o en silencio a una figura paternal cósmica y masculina que prefiere que le hablemos en inglés.

Hay problemas espantosos con este concepto de la oración, a pesar del hecho de que la mayoría de las personas de nuestra sociedad lo mantiene. Para empezar, Jesús y los fundadores del cristianismo no hablaban inglés. Tampoco lo hablaban los fundadores de ninguna de las otras grandes religiones mundiales que dominan nuestra lengua. ¿Y qué hay del género? Mucha gente que ora no se dirige a una imagen masculina sino a la Divinidad. ¿Qué hay de asignar atributos personales a nuestro concepto del Todopoderoso cuando oramos, asumiendo, por ejemplo, que el divino está «escuchando»? Millones rechazan cualquier forma de dios personal a quien se deban dirigir las oraciones. Un ejemplo es el budismo, que no es una religión teísta. Los budistas no oran a una deidad personal sino al Universo. Y oran incesantemente, dando vueltas a las ruedas de oración mientras andan. ¿Es la oración budista una falsificación? ¿«Realmente» oran los budistas? Aunque muchos fundamentalistas insistan en que la oración no cristiana no es auténtica, a los budistas les sorprendería que les dijeran que su oración está equivocada. ¿Y por qué colamos la raza en nuestro concepto de la oración? La mayoría de la gente de esta Tierra que ora no es blanca, y presumiblemente no imaginan al Todopoderoso como caucásico. Para millones, la visión antropomórfica y altamente personalizada del Todopoderoso es desesperadamente inmadura. Ellos se sienten atraídos más bien por una sensación de orden universal, majestad y belleza o por una sensación de sacralidad y majestad cósmicas.

Volvemos a la pregunta de Anne. ¿Es la oración una forma de hablar? ¿Debe implicar palabras? Una mujer me escribió: «Siento un profundo deseo de orar, pero no me atrevo a usar palabras. Parecen innecesarias y tontas». Oscar Wilde tenía dudas similares acerca de las palabras. Una vez escribió: «No hablo con Dios porque no quiero aburrirlo».

En su forma más sencilla, *la oración es una actitud del corazón*: una forma de *ser*, no de hacer. La oración es el deseo de conectar con el Absoluto, como quiera que sea concebido. Cuando experimentamos la necesidad de representar esta conexión, estamos orando, usemos o no palabras.

Eso no significa que las palabras estén mal. La gente a menudo se siente inspirada a expresar verbalmente su unidad con Dios, la Divinidad, lo Divino, el Universo, el Absoluto, de alguna manera: levantar sus voces en palabras o canciones. Si necesitamos usar palabras, debemos usarlas. Pero la esencia de la oración no es algo que digas un domingo por la mañana, antes de comer o de irte a dormir. La esencia de la oración bordea todos los «Padre nuestro» y los «Ave María», y va más allá de las fórmulas de cortesía.

Anne había apuntado algo importante: la oración no necesita ser ruidosa. Como actitud del corazón, puede ser invisible, silenciosa, tranquila. Como dijo Thomas Merton, el escritor y monje católico, «Oro al respirar».

Siguiendo la idea de Anne, podemos expandir la definición de oración:

La oración es comunicación con el Absoluto.

Esta definición es deliberadamente amplia. Permite a la gente que defina *comunicación* como mejor les convenga.

También los invita a imaginar al Absoluto a su manera, incluyendo la idea de que el Absoluto es tanto trascendente como inmanente, que «está ahí fuera» del mismo modo que está «aquí dentro».

En la oración la gente puede llenar los huecos del modo que ellos elijan.

LA ORACIÓN ES
LO QUE TIENE QUE SER

Un cirujano que era director de su departamento en un gran centro médico me dijo: «Durante gran parte de mi vida he pensado que no creía en la oración. Sentía que la había dejado atrás cuando fui a la universidad y a la facultad de medicina, pero me doy cuenta de que estaba equivocado. He estado orando por mis pacientes todo el tiempo, cada vez que realizaba una cirugía».

Siguió describiendo su modo de orar. Para él la oración implica un sentimiento genuino de compasión y empatía, que extiende a sus pacientes antes de entrar al quirófano. Estos sentimientos crean una sensación de unidad en la que él se siente vinculado no solo a su paciente, sino también al resto de miembros del equipo quirúrgico. Con este trasfondo se siente lleno de una sensación de significado y propósito, y sabe que la operación será más que un ejercicio de técnica.

«¿Por qué sentías que habías abandonado la oración y que ya no orabas?», le pregunté.

«Crecí asociando la oración a las palabras y el habla —dijo él—. Las oraciones eran algo que decías, principalmente con el propósito de conseguir algo. La oración era un ejercicio verbal de egoísmo. Era un auténtico desencanto, y no quería tener nada que ver con ello».

Continuó describiendo cómo sus ideas acerca de la oración habían cambiado. «Durante una cirugía me siento totalmente inmerso en lo que está pasando. Cuanto más difícil es la operación, más intenso es el sentimiento. A veces siento como si el escalpelo, el paciente y yo estuviéramos completamente conectados como un todo. Esto a menudo se asocia con una sensación de reverencia. No puedo describirlo, no tengo palabras. Para mí esta experiencia al completo es oración; no algo que hago o digo, sino algo que *siento*».

El cirujano había dado en el clavo. La oración a menudo va más allá de las palabras. Pero la oración verbal no siempre es inapropiada. Si somos motivados a hacerlo así, podemos gritar nuestras oraciones en palabras desde lo alto de una montaña; podemos adornar esas palabras con música para formar himnos, si eso es lo que sentimos. El lenguaje es un don magnífico; ¿por qué no usarlo en la oración?

No todos somos superdotados con las palabras. Deberíamos estar agradecidos por esto; la vida sería insufrible en una sociedad donde todo el mundo fuera un declamador. Es por tanto natural que los humanos nos expresemos de formas diferentes en la oración: algunos descansando más en el lenguaje, y otros menos.

¿Es la oración palabras? ¿Silencio? La oración es lo que tiene que ser. Cuando surge de nosotros, debemos permitirle seguir el curso o canal por el que fluya con más naturalidad. Los problemas surgen cuando erigimos muros y diques, cuando insistimos, por ejemplo, en que siempre debería ser verbal, silenciosa, con palabras, con música, ritual, desenfada o seria. Cuando ceñimos la oración, ceñimos a la gente; gente que, como mi colega cirujano, sentía que no estaba orando porque su forma de oración no encajaba en la norma religiosa.

UNA ORACIÓN POR LA ORACIÓN

Dejemos que la oración sea.

Permitamos que siga
  los infinitos patrones del corazón humano.
Aprendamos a practicar el arte más difícil,
  el arte de no interferir.
Seamos guiados por la oración
  en vez de intentar guiar la oración.
Permitamos que la oración sea lo que tiene que ser,
  que sea lo que es.

Dejemos que la oración sea.

—ᴍᴍ—

DISTINGUIR ENTRE RELIGIÓN Y ORACIÓN

Es posible orar sin ser religioso, y uno puede ser religioso y no orar.

A menudo se confunden oración y religión, porque en todas las culturas ambas están entretejidas por rituales formales y ceremonias. En su forma más simple, sin embargo, la oración no necesita catedrales, iglesias, sacerdotes o ministros. La oración es y siempre ha sido un asunto del corazón: el intento de una persona de comunicarse con el Absoluto.

Pero la religión puede fortalecer la oración, y la necesidad del ritual y la ceremonia, igual que la necesidad de la oración, está profundamente arraigada en la naturaleza humana. Tal vez es por eso, como dice el hermano David Steindl-Rast, monje benedictino, que la gente se siente «inevitablemente» atraída a la religión. Para la mayoría de la gente la afiliación religiosa es un complemento a la oración y existe de forma natural junto a ella.

Existen fundamentalistas en todas las religiones, sin embargo, que creen que uno no puede realizar una «oración verdadera» sin ser un miembro de su particular credo. Esta afirmación se puede desautorizar fácilmente. Como hemos visto, la oración puede probarse en el laboratorio bajo estrictas condiciones experimentales para ver si funciona o no. Cuando se ponen a prueba las oraciones de individuos de una variedad de religiones, es evidente que las oraciones de muchas religiones funcionan. De hecho, *no hay correlación en el laboratorio entre las creencias religiosas privadas de uno y los resultados o la eficacia de la oración.* Un factor clave en la eficacia de la oración parece ser el amor, no la religión que lo acompaña. Como hemos señalado, esto proporciona un modo de que los cristianos que creen en «el único Dios verdadero» acepten el hecho de que las oraciones de una variedad de religiones funcionan. Los cristianos creen que Dios es amor. Si el amor es fundamental para que los experimentos en la oración funcionen bien, ¿no será que Dios está presente en todos ellos? Por lo tanto, los cristianos pueden ver la presencia de Dios en todas las oraciones, no solo en las suyas propias. Esto les permitiría afirmar su propia tradición mientras evitan condenar las oraciones de los demás.

EL CUERPO NO DISTINGUE ENTRE ORACIÓN Y MEDITACIÓN

Tanto la oración como la meditación vienen del corazón, y hay más similitudes que diferencias entre ambas.

Compara, por ejemplo, la práctica de repetir el nombre de Jesús o de María durante la oración cristiana con la costumbre de repetir un mantra, una palabra con un significado especial, en ciertas formas de oración budista. Durante ambas prácticas se siente a menudo una sensación de serenidad y una conexión con algo mayor, ya sea que por *mayor* se entienda a Dios, la Divinidad, Buda, el Universo o el Absoluto.

En los años setenta el doctor Herbert Benson, especialista en medicina cardiovascular de la Facultad de Medicina de Harvard, estudió cómo respondía el cuerpo a ciertas prácticas: la oración cristiana, la meditación trascendental, la biorretroalimentación, la hipnosis y técnicas de relajación llamadas terapia autogénica y relajación progresiva. Descubrió en todas ellas que el cuerpo mostraba una respuesta común, que él llamó La Respuesta de la Relajación. Consistía en una bajada del ritmo cardiaco, de la presión sanguínea y de la respiración; una reducción de la necesidad de oxígeno; menor producción de dióxido de carbono; y muchas cosas más. Benson descubrió que, aunque nuestros intelectos diferencien entre oración y meditación, nuestros cuerpos no lo hacen.

¿Hay diferencias en el poder de la oración y de la meditación cuando se ponen a prueba? En las últimas tres décadas se han realizado muchos experimentos en la oración que implicaban a personas de diferentes ideologías religiosas. Incluyeron a gente de fes diferentes, incluyendo a cristianos convertidos, devotos de religiones orientales y meditadores de diferentes ideologías, incluso agnósticos. Durante los experimentos la gente era invitada a usar cualquier estrategia psicológica que escogieran para conseguir completar la tarea encomendada, que normalmente se trataba de incrementar la función saludable de organismos humanos o no humanos. Estos estudios muestran no solo que una amplia variedad de individuos pueden realizar esta tarea, sino también, como ya hemos visto, que no hay correlación entre la afiliación religiosa privada de cada uno y el efecto de la estrategia mental.

Es la gente y los prejuicios quienes crean divisiones entre las prácticas religiosas como la oración y la meditación. Nuestros cuerpos son más sabios y menos dogmáticos.

MAGIA ORDINARIA

La gente a lo largo de la historia ha considerado la oración como un modo de obtener cosas. Si al Divino le preocupa nuestro bienestar y contesta nuestras oraciones, ¿seremos colmados con regalos?

¿Son un Mercedes Benz y una cartera bien surtida una señal de la gracia de Dios? Las razones que da las Escrituras son inflexibles en lo que respecta a la dificultad de que el rico entre en el reino de los cielos y la naturaleza del «vil metal» como la raíz de todos los males. Sin embargo, el setenta por ciento de los cabezas de familia encuestados por la Lutheran Brotherhood, una compañía financiera, dijeron que consideraban que su situación económica era un reflejo de la estima que les tenía Dios. El cuarenta y nueve por ciento dijo que oraban regularmente para que creciera su riqueza.

El telepredicador Robert Tilton no ve límites a la generosidad del Todopoderoso. «¡Está bien! —emite, sin la mínima ironía—. ¡Realmente puedes pedirle a Dios cuál quieres que sea su parte en el trato!… Primer paso: hazle saber a Dios lo que necesitas de Él. Un coche nuevo. Un nuevo trabajo. Buena forma física. Casa. Economía». Y por último, y uno se pregunta si en menor grado, «Salvación».

Los resultados inesperados de las oraciones egoístas son un terreno fértil para los bromistas y los caricaturistas. Aquí hay uno que muestra el desdén del Todopoderoso por nuestros deseos egoístas:

> Dios saca a un hombre del horno cósmico donde se ha estado incubando, esperando su siguiente reencarnación. El hombre empieza a hablar. «Mira. Esta vez quiero trabajar cuatro días a la semana, un salario de cincuenta dólares a la hora, seguro médico, plan de jubilación, dos meses de vacaciones al año, buenas probabilidades de ascenso y...». Dios lo devuelve al horno y dice: «No está bien hecho todavía».

El novelista Aldous Huxley fue sumamente crítico con el modo en que acosamos al Todopoderoso con nuestras oraciones egoístas. Observó esto:

> Para adquirir la habilidad de conseguir que sus peticiones sean contestadas, un hombre no tiene que conocer o amar a Dios... Todo lo que necesita es una certeza abrasadora de la importancia de su propio ego y sus propios deseos, junto con la firme convicción de que existe, en algún lugar del universo, algo que no es él mismo a quien se puede sonsacar o presionar para satisfacer sus deseos. Si yo repito «Hágase tu voluntad» con el grado necesario de fe y persistencia, hay probabilidad de que antes o después, de un modo u otro,

consiga lo que quiero. Que mi voluntad coincida con la de Dios, o que consiguiendo lo que quiero vaya a conseguir algún bien espiritual, moral o incluso material para mí son cuestiones que no puedo contestar por adelantado. Solo el tiempo y la eternidad lo mostrarán... La tercera cláusula del Padre Nuestro se repite diariamente por millones de personas que no tienen la mínima intención de dejar que se haga la voluntad de nadie excepto la suya propia.

Huxley tiene razón: podemos ser sumamente retorcidos al usar la oración para conseguir lo que nosotros queremos. Por ejemplo, un hombre cuenta que de adolescente oraba por un coche. Cuando no lo consiguió se dio cuenta de que Dios no actuaba de esa manera. Así que robó un coche y entonces oró pidiendo perdón.

«El hombre justo ama a Dios por nada», dijo Eckhart. Y cuando ponemos a un lado las peticiones y permitimos que el amor y la gratitud afloren en nuestras oraciones, el resultado puede ser impresionante, como la siguiente historia clínica con la doctora Betsy MacGregor del Hospital Beth Israel de la ciudad de Nueva York:

Había un chico de diecisiete años que había tenido un catastrófico accidente de moto. Tenía múltiples fracturas y había terminado con... una infección en el hueso... con fístulas en la pierna. Los cirujanos fueron separando trozos de hueso y... carne... intentando parar la infección hasta que finalmente acabó con una cavidad en su muslo en la que podías meter ambos puños.

... Sufría un tremendo dolor cuando el ortopedista venía a cambiarle de ropa cada día. Me encontré con una persona llorica y cobarde que solo estaba preocupada por su miedo y dolor. Cuando comencé a hacer algo con su dolor y le ayudaba tanto con medicación como con algunas técnicas de relajación... acabamos hablando de cuáles eran sus sueños y esperanzas... antes del accidente.

... Le pregunté si oraba a Dios, y él dijo que sí, que le rogaba a Dios que le sanase. Le dije que había otro modo de orar a Dios en vez de pedir, que le dijera a Dios que era realmente importante ser sanado. Finalmente, después de un par de meses, me dijo un día: «¿Sabes? Realmente he orado de forma diferente a Dios en los últimos días. Le he estado diciendo: "Realmente necesito ser sanado, Dios. No estoy rogando solamente para que me sanes. Necesito ser sanado porque hay cosas que necesito hacer, y es realmente importante que Tú me ayudes a sanar"». Y este joven lo dijo de un modo tan diferente que era realmente asombroso. Salió de su propia fortaleza en vez de la ansiedad y el desespero. Dejó el hospital con la infección curada y su herida sanada, siendo una persona totalmente diferente al llorica y apático que conocí al principio.

Con frecuencia sucede una bendita paradoja cuando pedimos por cosas materiales. Puede que no consigamos lo que pedimos, pero a falta de ello recibimos un don mayor. Esto se ilustra en «La oración de un soldado confederado desconocido»:

Le pedí a Dios fuerza para lograr poder;
fui hecho débil para aprender a obedecer.

Le pedí salud para alcanzar grandes cosas;
se me dio enfermedad, para que hiciera cosas mejores.

Le pedí riquezas para ser feliz;
se me dio pobreza para que fuera sabio.

Le pedí poder para obtener el elogio de los hombres;
se me dio debilidad para que sintiera la necesidad de
Dios.

Le pedí todas las cosas para disfrutar de la vida;
se me dio vida para que disfrutara de todas las cosas.

No tengo nada de lo que pedí,
sino todo lo que esperaba tener.

A pesar de mí mismo mis oraciones sin palabras
fueron contestadas;
yo, entre todos los hombres, soy el más ricamente
bendecido.

¿Están siendo denegadas nuestras oraciones por cosas materiales? La experiencia puede ayudarnos a centrarnos con más intensidad en lo que ya tenemos: una vida compuesta de sucesos mágicos envueltos en pequeños momentos. ¿Cómo podría nada material añadir algo al esplendor del aquí y el ahora? Cuando nos damos cuenta de que cada momento ya es perfecto de algún modo, nuestra mirada deja de deambular por el más allá, como ocurre a menudo cuando oramos por alguna clase de futuro mejor. Podemos aprender a habitar con gratitud en el momento, y a conocer con Margaret Bonnano que «solo es posible vivir felices para siempre en el día a día».

La oración no consiste en conseguir. Se trata de ser consciente del momento y percibir la magia de lo mundano. Como dice la escritora Adair Lara: «Y algunos, como yo, estamos empezando a descubrir la poderosa religión de la vida ordinaria, una espiritualidad de suelos recién fregados, de platos amontonados y de ropa tendida mecida por el viento».

La oración nos ayuda a apreciar la deslumbrante simplicidad de la vida ordinaria. Como nos recuerda el aforismo budista: «Después del éxtasis, la colada».

CUARTA PARTE

CÓMO ORAR

LAS CREDENCIALES NO IMPORTAN EN LA ORACIÓN

La oración es una actividad que todos pueden realizar, sin importar si estás orando por primera o por millonésima vez. ¿Pero hay algunos oradores más habilidosos que otros? Existen dos escuelas de pensamiento.

En un cuidadoso experimento llevado a cabo en la Universidad de Islandia en Reikiavik por el profesor de psicología Erlendur Haraldsson, se identificó un factor de habilidad en sanadores que usaban uniformemente la oración. El estudio evaluó la capacidad de siete individuos de afectar el crecimiento de células de levadura en probetas. De los siete participantes, tres estaban relacionados con la sanación (dos eran sanadores espirituales y uno era un médico que practicaba la sanación espiritual). Los otros cuatro sujetos eran estudiantes sin experiencia o interés particular en la sanación. Se usaron un total de 240 probetas, recibiendo 120 de ellas una intención sanadora, con 120 como los controles. Las probetas se colocaron frente a un sujeto que intentó en varias ocasiones, en periodos de diez minutos, incrementar el crecimiento de la levadura en el líquido por el método mental de su elección. A los individuos no se les permitía tocar las probetas o acercarse a más de treinta centímetros. Después de veinticuatro horas, el crecimiento de la levadura era medido en cada probeta por un calorímetro de absorción lumínica que era leído por un asistente de investigación que no sabía cuáles eran las probetas de control y cuáles las tratadas. Además, otro experimentador tomaba medidas independientes. Los investigadores llegaron a esta conclusión: «Los resultados indican que la concentración o la intención mental (sanación espiritual) afecta al crecimiento de la levadura». Los análisis revelaron que tan solo había un dos por ciento de probabilidades de que los resultados positivos se debieran al azar. La mayoría de los resultados positivos fueron realizados por los tres sanadores. Cuando se analizaron sus registros por separado, la probabilidad de que los resultados se debieran al azar eran de cuatro por cada diez mil, mientras que los estudiantes que no eran sanadores dieron resultados fortuitos.

En una serie de experimentos realizados por Spindrift, una organización de estudios sobre la oración, el factor de la habilidad fue evaluado pidiéndole a gente de diversos trasfondos de oración que intentaran influir en la tasa de germinación de unas semillas y en la actividad metabólica de cultivos de levadura. En esas pruebas, al igual que en el experimento islandés, los más experimentados produjeron resultados más poderosos. Estos estudios indican que la práctica, el interés y la experiencia marcan una diferencia en la sanación espiritual, que para muchos sanadores está basada en la oración.

¿Por qué *no tendría* que haber un factor de habilidad en la oración? La oración implica un estado de la mente concentrado, caracterizado normalmente por sentimientos como tranquilidad interior, serenidad y calma. Cualquiera que haya intentado aquietar la mente sabe lo agónicamente difícil que puede ser. Santa Teresa de Ávila comparó el intento de conseguir esta condición mental con tratar de montar un caballo desbocado. Los budistas llaman a nuestro estado psicológico ordinario «la mente del mono». Pero la práctica hace al maestro; cuanto más nos involucremos en la oración y la meditación, más tranquila se volverá la mente.

Los experimentos en la oración sugieren que el amor es uno de los factores más importantes que influyen en su eficacia. En la sanación subyace la sensación de unidad con el paciente que es experimentada por el sanador. La mayoría de la gente aprende a amar a lo largo del curso de la vida. ¿No sugiere esto que el efecto de la oración puede variar según se vaya agrandando nuestra capacidad para el amor? ¿Y qué hay de la consistencia de nuestro amor? Hay un viejo dicho: «El amor es como el pan. Debe fabricarse cada día». Tal vez aprender a orar significa simplemente aprender a amar: con profundidad y confianza.

El punto de vista opuesto es que las oraciones de todo el mundo son igual de eficaces y que no existen factores de habilidad en la oración. Reflexionando en este punto de vista, una mujer me escribió:

> Está mal suponer que la experiencia marca una diferencia en la oración. La oración tiene igualdad de condiciones. Cuando oramos todos somos lo mismo. Lo único que cuenta es que venga del corazón con amor y sinceridad. Deberíamos evitar establecer una jerarquía

en la oración, con sacerdotes y ministros en lo alto y el resto de nosotros debajo. No es eso de lo que trata la oración. Si destacas el papel de la experiencia en la oración, eso desanimará a los novatos o a los que oran por primera vez para que continúen esta práctica. Deberíamos *animar* a la gente a orar, no desanimarlos.

No creo que estos dos puntos de vista se excluyan entre sí. Los factores de habilidad existen en prácticamente todas las actividades humanas desde la cocina y el billar hasta hacer el amor. Decir que el factor de la habilidad existe en estas áreas no evita que cualquiera pueda participar en ellas. Todo el mundo puede orar, sin importar cuál sea su nivel de entrenamiento. Lo importante es empezar.

Todo el mundo está de acuerdo en que una oración genuina debe venir del corazón y ser sincera. Esto sugiere que los individuos que son nuevos en la oración pueden ser más eficaces que los veteranos, porque su experiencia les resulta nueva y fresca, no rutinaria y habitual.

La Biblia nos dice francamente: «La oración eficaz del justo puede mucho». No dice: «La oración perfectamente ejecutada del justo que tiene mucha experiencia en estas materias puede mucho». La oración es tanto para novatos como para veteranos.

Es concebible que la oración de una sola persona sincera sea más útil que un millón de oraciones informales e inconscientes. O que la oración salida del corazón de uno que ora por primera vez pueda superar la de un maestro de oración que esté teniendo un mal día. Si yo estuviera enfermo reclutaría las oraciones de la gente a la que amo y que me ama. Querría individuos compasivos y empáticos a mi lado. No me preocuparía si llevan orando cincuenta años o si empezaron ayer. En la oración la compasión, el amor y el cariño —no las credenciales— son lo que más importa.

LOS NIÑOS SON ORACIÓN

Walt Whitman escribió en *Hojas de hierba*, en 1855:

> Érase un niño que se lanzaba a la aventura todos los días,
> Y en el primer objeto que miraba y aceptaba con asombro, piedad, amor o temor, en ese objeto se convertía,
> Y ese objeto se hacía parte de él durante el día o una parte del día
> ...o durante muchos años o largos ciclos de años.

Whitman vio que los niños no oran; ellos *son* oración.

Si la oración es «comunicación con el Absoluto», como hemos propuesto, las líneas de comunicación para los niños siempre parecen abiertas y vibrantes. Mientras el resto de nosotros trabajamos para lograrlo, los niños pequeños parecen no tener lucha ni barreras que superar. Los niños tienen una relación sin obstrucciones con el Infinito.

Los niños son la metáfora para la pureza espiritual en todo el mundo, y «convertirse en un niño pequeño» es uno de los elementos más universales de la enseñanza espiritual. El objetivo en nuestra vida de oración, sin embargo, por supuesto que no es convertirnos literalmente en niños, sino en volvernos *como* niños encarnando la inocencia y la autenticidad de los niños en nuestras oraciones adultas.

Esta distinción puede parecer obvia pero ha sido mal entendida en gran medida. Muchos pensadores del siglo XX, incluyendo a Freud, creyeron que los impulsos religiosos representan un estímulo para retroceder psicológicamente a un estado infantil. Para él todas las experiencias místicas de unidad y unión eran simplemente una reversión a la forma de percepción oceánica e indiferenciada de un infante, en donde el «yo» y el «otro» son indistinguibles. El deseo místico era solo un anhelo disfrazado de la cuna, el abrazo y el amamantamiento. Esta visión, aunque todavía disfruta de gran popularidad entre los escépticos más severos, confunde la *re*gresión con la *pro*gresión. Todas las experiencias espirituales válidas, incluyendo las formas más altas y extáticas de oración, son un paso adelante hacia la madurez, no una reversión a la infantilidad. Como sabe cualquiera que haya entrado en el camino de la disciplina espiritual, la vida espiritual no es para débiles. Es un trabajo duro. Sugerir que este camino puede ser atravesado por niños o por adultos infantilizados es una soberana tontería.

Nadie permanece como niño, ni debería. Los pañales y la dependencia deben marcharse. Esto es cierto físicamente *y* espiritualmente. Los desafíos y el sufrimiento que son parte del crecimiento añaden amplitud, profundidad y riqueza a la vida que el niño no conoce. Estas experiencias provocan una dureza y una resiliencia sin la cual no se puede vivir la vida.

Hoy, cuando nuestro mundo parece tan caótico e inmanejable, mucha gente busca con anhelo la simplicidad y la inocencia de los niños. Una expresión de esto es la fascinación pública con los ángeles, que a menudo toman la forma de querubines y de niños beatíficos, andróginos y alados. Deberíamos recordar que los ángeles, además de ser inocentes y puros, también pueden ser seres severos, sensatos e inflexibles que no soportan las impertinencias de nadie. No son solo bebés cariñosos que revolotean. Los ángeles llevan espadas de fuego. Las flechas de Cupido hieren. Como dijo el poeta Rilke, «Todo ángel es terrible».

Nuestro deseo de la inocencia perdida de la infancia también puede verse en la popular escuela de psicoterapia llamada «terapia del niño interior». El niño interior representa el estado primitivo en el que la crianza y el amor son obligatorios si se quiere tener una vida psicológicamente saludable. Los traumas en este estado pueden conllevar problemas emocionales más adelante. Al contactar con esas experiencias dolorosas por medio de la relajación, las imágenes guiadas o la hipnosis, mucha gente es capaz de neutralizar esos efectos patológicos y encontrar una paz mayor en el presente. Pero muchos terapeutas que emplean estas técnicas se han percatado de que algunas personas no solo *contactan* con su niño interior, sino que, después de hacer el contacto, se agarran a esa vida añorada. Estas personas quieren disfrutar una y otra vez del bendito estado de la infancia en el que las necesidades de seguridad física y apoyo emocional son provistas por otra persona. Los terapeutas hábiles saben cómo hacer reaccionar a la gente que se queda atrapada en ese estado. Son capaces de ayudar a sus clientes a ser *como* niños y no permanecer siendo niños.

Los niños son el ícono de la inocencia. Son la oración encarnada porque su comunicación con el Absoluto todavía no se ha roto. Nos recuerdan lo que fuimos una vez y lo que podemos llevar a cabo una vez más.

FORMAS DE ORACIÓN
DE CUATRO PATAS

El efecto de la oración no está restringido a los humanos. Se ha probado que la oración funciona prácticamente en todos los seres vivientes en los que se ha aplicado: humanos, diversas células y tejidos, animales, plantas y organismos como bacterias, hongos y levadura. Las pruebas que apoyan estos efectos generalizados son abundantes e incluyen más de 130 estudios de laboratorio controlados, como hemos mencionado ya.

Algunas personas tienen dificultad para aceptar estas experiencias porque no pueden imaginar el modo en que uno pueda orar por una bacteria o por otras supuestas formas menores de vida. ¿Cómo puede alguien experimentar suficiente empatía y amor por esas criaturas no humanas para orar genuinamente por ellas? Para millones de amantes de los animales esto no es un misterio; para ellos los animales, simplemente, no son «menores». Algunas religiones, como el hinduismo, ven a los no humanos con la misma reverencia que le extendemos a los de nuestra propia clase. Este grado de reverencia por la vida no solo es «oriental». Me recuerda a un viejo dicho de los místicos judíos: «Sobre cada brizna de hierba se inclina un ángel que susurra, "¡Crece! ¡Crece!"».

Los investigadores han comenzado a estudiar los beneficios para la salud de tener mascotas. Estos estudios tienen interesantes aplicaciones para nuestra comprensión de la oración. Aaron H. Katcher, médico de Facultad de Veterinaria de la Universidad de Pennsylvania, y sus colegas, descubrieron que el noventa y ocho por ciento de los propietarios de perros pasan tiempo hablando con ellos, el setenta y cinco por ciento piensa que los perros son sensibles a sus cambios de humor y sus sentimientos y el veintiocho por ciento incluso confía en sus perros. Katcher cree que la gente obtiene beneficios de estas interacciones que no son diferentes a los de la oración. «Sin ser irreverente —declara—, es posible pensar en las similitudes del consuelo de la oración y el consuelo de hablarle a un animal. La oración frecuentemente está acompañada por enriquecimientos sensoriales como el incienso, la música, posturas corporales especiales, el toque de unas manos cruzadas o las cuentas de un rosario, igual que el diálogo con un animal está acompañado por el enriquecimiento del tacto, la calidez y el olor. En ambas circunstancias se siente que la charla es "entendida"».

La dedicación a una mascota, igual que la dedicación a la oración, puede provocar mejoras en la naturaleza humana, como se ve en las dinámicas familiares. Ann Ottney Cain, profesora de enfermería psiquiátrica en la Universidad de Maryland en Baltimore, estudió el impacto sociológico de los animales en sesenta familias que tenían mascotas como perros y gatos, así como algunas más exóticas como mofetas, cabras y monos. Descubrió que muchas de las familias experimentaban mayor cercanía, más tiempo de juegos juntos y menos discusiones después de obtener a su mascota. «Una mujer incluso usaba al perro de la familia para acabar con las discusiones familiares —informa Cain—. "Dejen de pelear que están disgustando al perro" era su comentario favorito».

El doctor de la Universidad de Harvard Herbert Benson mostró en los setenta y ochenta que la oración puede reducir el estrés, bajar la presión sanguínea y el ritmo cardiaco al inducir lo que él llama la respuesta de la relajación. Los perros puede que sean una forma de oración de cuatro patas, porque provocan el mismo efecto. Estar en su presencia trae como resultado una bajada de la presión sanguínea, descubrió el investigador Katcher. Los perros no tienen el monopolio; mirar un tanque lleno de peces tropicales también baja la presión.

La oración rompe barreras entre las personas. También lo hacen las mascotas. Peter R. Messent, del Centro de Estudios Animales de Leicestershire, en Inglaterra, reclutó a ocho propietarios de perros y les pidió que dieran dos paseos por Hyde Park, uno con su perro y otro sin él. Un observador les siguió, registrando las respuestas de las personas que pasaban a metro y medio del paseante o el perro. Había un número significativamente mayor de respuestas, y de conversaciones más largas, si los dueños estaban con su mascota. No importaba si los perros tenían pedigrí o no.

Estar rodeado de mascotas, al igual que la oración, suscita un comportamiento compasivo en la gente. Sharon L. Smith estudió las interacciones entre diez perros y los miembros de sus familias. Descubrió que las mascotas les proporcionaban tanto a hombres como a mujeres una salida socialmente aceptable para tocar —frotar, rascar, dar palmaditas o acariciar—, algo que los hombres estadounidenses son reacios a hacer.

Y las mascotas, al igual que la oración, salvan vidas. En un estudio de noventa y seis personas con enfermedades cardiacas dadas de alta después de un tratamiento en la unidad de cuidos coronarios, la psiquiatra Erika Friedmann de la Universidad de Pennsylvania en Filadelfia y sus compañeros descubrieron una tasa de supervivencia mayor un año después de la salida del hospital entre los dueños de una mascota, incluso después de considerar las diferencias individuales en el alcance del daño en el corazón y otros problemas médicos. De hecho, el equipo de Friedmann averiguó que tener una mascota en casa era un pronóstico de supervivencia más fuerte que tener cónyuge o el apoyo de la familia extensiva.

Resumiendo, hay sorprendentes similitudes entre la oración y tener una mascota compañera. Estas incluyen:

- Tener a alguien con quien hablar
- Desarrollar un comportamiento compasivo
- Fomentar un sentimiento de ser bienvenido o recibido
- Promover un sentimiento de ser amado incondicionalmente, «sin importar nada»
- Reducir el estrés psicológico
- Incrementar la salud y salvar vidas
- Romper barreras entre las personas

En el Hospital Metodista de Riverside en Columbus, Ohio, uno de los miembros más valiosos del personal de cuidados paliativos es Barlow, un hermoso labrador dorado. Barlow hace rondas con las enfermeras y los médicos y disfruta de una inmensa compenetración con los pacientes. En el Centro Médico Maine en Portland, otra preciosa labradora, Pandora, hace rondas regulares por la unidad de cuidados intensivos con su adiestrador. Pandora es bastante fotogénica, y el equipo de enfermeras dice que adora que la fotografíen: es una auténtica diva. Los médicos del hospital y el equipo de enfermeras han adoptado el «Programa de Terapia con Mascotas», y el programa está disfrutando de un apoyo entusiasta por parte tanto de pacientes como del personal.

¿Pueden orar los animales? Puesto que la oración implica un sentimiento de amor, conexión y contacto, tal vez la respuesta es un sí cualificado. Si así es, ¿puede la «oración animal» tener efectos sanadores? Muchas autoridades en la materia asignarían la influencia positiva de las mascotas a factores psicológicos como la reducción del estrés por tener a una mascota cerca; proponer una «oración de mascotas» es ir demasiado lejos. Aun así, muchos propietarios de mascotas no encontrarían escandaloso suponer que su labrador que les ama incondicionalmente les está ofreciendo influencias sanadoras como las de la oración.

¿Por qué tomar una actitud antropocéntrica hacia la oración? ¿Por qué limitaría el Absoluto la oración al *Homo sapiens*? La oración de las mascotas, si se probase, sería otro paso en la democratización y la universalización de la oración.

La próxima vez que me ponga enfermo planeo poner en las listas de oración a tantos san bernardos como pueda.

UN MÉDICO PRUEBA LA ORACIÓN

En 1994 la querida perra de catorce años de la doctora Hilary Petit, una veterinaria de Sacramento, California, desarrolló un grave problema. No podía permanecer de pie y tenía que apoyarse en la pared o en una valla para caminar. La doctora Petit temía que el diagnóstico fuese un cáncer recurrente. Cuatro años antes su perra había sufrido la extirpación de uno de sus ojos debido a un cáncer que crecía dentro de él. El tumor no fue extirpado completamente y la perra recibió radiación después de la cirugía. ¿Había crecido de nuevo el cáncer y se había expandido, causando los problemas actuales? Por si una infección de oído estuviera contribuyendo a los problemas con el equilibrio y el caminar, la doctora Petit trató a su perra con una serie de antibióticos. Le puso otros tratamientos, como Dramamine, esteroides y suplementos de tiroides para cubrir otras posibilidades. Todos fracasaron. De hecho, los esteroides parecieron agravar su problema.

La doctora Petit, entonces desesperada, describió lo que pasó después: «Una noche, cuando ya no sabía cómo más tratarla, recuerdo que simplemente pedí CUALQUIER ayuda, absolutamente cualquiera, o para ayudar a que se recuperase o para decidir si era hora de que muriese». Entonces experimentó una de las mayores sorpresas de su carrera como veterinaria.

El día después de que pidiera ayuda… ella dio algunos pasos sin apoyarse en la verja. Al día siguiente dio cerca de veinte pasos antes de desplomarse contra la verja y caminó desde mi coche a mi apartamento (unos noventa metros) sin que yo tuviera que hacer nada más que corregir su rumbo un poco... Había sido incapaz de caminar sin asistencia durante al menos seis semanas... A lo largo de aquel día recorrió el apartamento solo con «rebotes» ocasionales contra las pareces —cada cuatro o seis pasos se apoyaba contra la pared—, y entonces corregía su trayectoria.

Paradójicamente, la doctora Petit no se sentía exultante por la mejora de su querida perra.

La parte triste de esta historia es que tuve que admitir que me asusté mucho con esto. No podía reconciliar su recuperación con mi formación médica; en parte porque había sido muy rápida y drástica, y en parte porque había retirado todos los tratamientos excepto la oración. Siento decir que la tercera noche (después del segundo día de recuperación) elegí no renovar mi oración, llena de consternación y confusión acerca de lo que parecían ser las consecuencias de la oración. Al día siguiente mi perra tuvo una recaída y continuó deteriorándose rápidamente, y de hecho tuve que sacrificarla unas dos semanas más tarde.

La doctora Petit estaba dispuesta a reconocer y enfrentarse a su propio miedo acerca de estos sucesos.

Lo que sigo conservando es esto: 1) Habría hecho cualquier cosa (en el momento en que empecé a orar por ella) para ayudarla; por lo tanto, creo que mis restricciones usuales acerca de lo que es posible, aceptable o «permitido» en términos de respuesta a la oración quedaron temporalmente suspendidas; 2) tenía una nítida experiencia de incredulidad y rechazo a su recuperación («esto no puede estar pasando») incluso mientras me sentía maravillada por su mejora; 3) en mi lucha por reconciliar la parte izquierda de mi cerebro, tradicional y científicamente formada con la recuperación totalmente anticientífica, radical e inexplicable que tenía frente a mí me hizo sentir algo de miedo, una especie de «¿qué he hecho?», y un poco de rechazo a la idea de que lo había provocado con mis acciones; y 4) aunque traté (naturalmente) de repetir la remisión por medio de más oración una vez que ella comenzó a deteriorarse de nuevo, no me sentí tan sincera acerca de ello porque tenía miedo de descubrir que podía, por el simple recurso de la oración, provocar de alguna manera un resultado tan completamente inexplicable y escandaloso.

La doctora Petit cambió a partir de estos sucesos.

Como consecuencia de este desorden completo de mi pensamiento médico previo encerrado en el dogma, comencé a intentar pequeñas oraciones en pequeñas cosas.

Por ejemplo, [mientras realizaba una cirugía] en esterilizaciones donde los cuernos uterinos se resistían tercamente a ser pescados, comenzaba una especie de oración del tipo «Venga, Dios, ayúdame con esto», y tan pronto como la realizaba el cuerno uterino aparecía todas las veces al primer o segundo intento después de eso... Hay otros [ejemplos]. Al final esta experiencia me ha dado un gran desafío en el que pensar, sobre cómo aplicar mejor esta información para el beneficio de mis pacientes...

Aunque no tenía esencialmente ninguna educación religiosa o espiritual, toda mi vida me han fascinado los temas espirituales y «paranormales»... Sin embargo, a pesar de toda la considerable exploración y la investigación, he acabado aceptando mucho mejor la posibilidad de que *alguien más* pueda hacer esto que yo hago. Está bien que *tú* seas capaz de realizar milagros increíbles e inexplicables; puedo aceptar esto completamente serena. Pero por alguna razón estoy muy incómoda con el pensamiento de que *yo* pueda mediar el mismo acto. Me doy cuenta de que no es racional; y desde la muerte de mi querida perra he comenzado seriamente a pensar en que, puesto que estoy bastante segura de que las oraciones de otro dieron como resultado su recuperación, o de que se recuperó por razones desconocidas... tendría que aceptarlo sin reservas.

Tengo una inmensa fe en la capacidad de los médicos de lidiar con sus miedos acerca de la oración. Los doctores están formados en ciencia, que es un método de suspender el juicio y de dejar a un lado el prejuicio. La experiencia de la doctora Petit ilustra cómo respondería un médico escéptico a la oración. Después de recuperarse de la impresión de su encuentro con lo extraordinario, comenzó a conducir sus propios experimentos como una buena científica «intentando pequeñas oraciones en pequeñas cosas». Es un comportamiento ejemplar: ni aceptación sin críticas ni un rechazo completo, sino apertura frente a lo desconocido.

Cuando nos enfrentamos a los funcionamientos de la oración nos enfrentamos al infinito, y es natural retroceder frente a algo mucho mayor que nosotros. Pero debemos *superar* el miedo que sentimos en esos momentos, y no evitarlo. Si lo hacemos, el miedo puede cambiar para convertirse en nuestro aliado y nuestra fuerza: lo infinito al servicio de lo finito.

SUPERAR LA AMBIVALENCIA Y LA CONFUSIÓN ACERCA DE LA ORACIÓN

«Más de un cristiano ora débilmente, no sea que Dios pueda oírlo realmente, cosa que, pobre de él, nunca pretendió», dijo una vez C. S. Lewis. El miedo a los resultados es una clase de pensamiento negativo acerca de la oración. Hay muchos otros. Millones de personas sienten que la oración es un trabajo pesado, pero lo hacen de todos modos porque sienten miedo de ser castigados si no lo hacen. Parecen sentir que Emerson tenía razón cuando dijo que gran parte de las oraciones eran un ejercicio de mezquindad y robo. Algunos sienten que la oración es rotundamente arrogante: ¿quién soy yo para decirle al Universo cómo se tiene que comportar? Muchas de nuestras actitudes ambivalentes hacia la oración surgen de la infancia. La oración, aprendimos, normalmente implica hablar en voz alta o en silencio, usualmente con cierta extensión, a un dios masculino arrugado que no se anda con tonterías, que escucha atentamente para asegurar que lo hacemos bien y que seguimos el horario. ¡No es extraño que seamos ambivalentes ante la oración!

Las actitudes negativas hacia la oración a menudo son inconscientes, porque nos decimos que la oración es algo bueno y deberíamos disfrutarla. Incapaces de enfrentarnos a esos sentimientos negativos, los reprimimos en la parte inconsciente de la mente, donde continúan frustrándonos cuando oramos.

Pretender amar lo que nos disgusta, por supuesto, no está limitado a la oración. Millones de personas hacen ejercicio con energía y comen con prudencia odiando cada minuto que lo hacen. Orson Welles una vez dijo que hay más virtud en un hombre que come caviar impulsivamente que en alguien que come cereales por principio. El que come el caviar está siguiendo su corazón; el que come cereales, su rígido sentido del deber. Igual pasa con la oración. La persona que ora rara vez pero con un deseo sincero está expresando más autenticidad que alguien que ora compulsivamente siguiendo un horario.

Cuando reconocemos nuestras actitudes ambivalentes hacia la oración a menudo caemos en el reproche propio: «¡Si fuera más maduro espiritualmente no me sentiría así!». El resultado a menudo es intentar más aún que nos «guste» la oración. Este enfoque no funciona porque refuerza las actitudes negativas que uno intenta resolver.

Hay cuatro pasos que pueden ayudarnos a resolver nuestras actitudes negativas hacia la oración:

• *Dejar de tomar nuestra vida de oración tan seriamente.*

Cuando me encuentro tomándome mis oraciones y meditaciones con tanta seriedad —sintiéndome como si tuviera que ser más disciplinado y tuviera que «orar mejor»— me recuerdo que todavía estoy aprendiendo. También tengo a mano dos frases que siempre me ayudan a iluminarme y a poner las cosas en perspectiva: la observación de G. K. Chesterton «Todo lo que merece la pena

que se haga, merece la pena hacerse mal», y el viejo dicho
«¿Cómo haces reír a Dios? Cuéntale tus planes». Comentarios como esos pueden recordarnos algo que a menudo
olvidamos: el Universo no depende de si lo hacemos bien
o no en la oración.

• *Darse cuenta de que las actitudes negativas hacia la oración son universales.*
Los santos y místicos de todas las grandes religiones
se han quejado de la oración de vez en cuando. Como
nosotros, encontraban difícil mantenerse en el camino de
la oración, y lamentaban su debilidad. Confesando sus
defectos durante la oración, John Donne dijo: «Me dejo
caer en mi cuarto... e invito a Dios y a sus ángeles acá, y
cuando están ahí, desatiendo a Dios por el ruido de una
mosca, por el traqueteo de un carruaje, por el chirrido de
una puerta».
Si a veces nos sentimos como fracasos en la oración,
estamos bien acompañados.

• *Recordar que hay muchos tipos de oración y un número
aún mayor de modos de orar.*
Si tenemos problemas con un método, deberíamos explorar otros. Si las oraciones de «petición» —oraciones
de ruegos e intercesión— no nos parecen adecuadas, deberíamos considerar centrarnos más bien en otros tipos,
como oraciones de adoración, de celebración o de acción
de gracias. Para muchas personas estas oraciones son más

ligeras. Nos pueden ayudar a resucitar nuestra vida de oración cuando se encuentre en el arroyo del deber sin alegría.

- *Recordar que la oración no es solo cuestión de hacer sino también un modo de ser.* Como señaló Dorothy Day: «¿Tiene Dios un set de oraciones, un conjunto que espera que nosotros sigamos? Lo dudo. Creo que algunos —montones de personas— oran a través del testimonio de sus vidas, por medio del trabajo que hacen, las amistades que tienen, el amor que ofrecen y reciben de la gente. ¿Desde cuándo son las palabras la única forma aceptable de oración?».

La oración puede tomar la forma de la *devoción*: una actitud, un estado de la mente en el que sentimos una conexión sagrada con el Absoluto. La devoción evita la cabeza agachada, las rodillas dobladas y la retórica. Existe no solo en la iglesia, sino también mientras se corta el césped o se lavan los platos o se lleva a los niños al entrenamiento de fútbol. Por medio de la devoción podemos ayudar a sanar nuestras actitudes negativas hacia la oración formal y ritualizada. En la devoción, los sentimientos sagrados surgen de manera natural de las profundidades de nuestro ser, como un claro manantial emerge por la falda de una montaña. La devoción puede llevarnos de regreso al punto de partida, a la oración, pero una oración transformada, una oración que es espontánea y natural como el amanecer.

¿QUIÉN PUEDE BENEFICIARSE DE LA ORACIÓN?

En los experimentos que tratan los efectos de la oración en los humanos, los investigadores se encontraron con que la oración intercesora era eficaz incluso cuando el recipiente *no sabía* que se estaba orando por él. Además de los estudios en humanos, muchos experimentos muestran también que una variedad de organismos menores (bacterias, hongos, levaduras, semillas, ratas, ratones y varios tipos de células) pueden ponerse más sanos por medio de la oración. Es de suponer que estas criaturas no *saben* que se está orando por ellas. Es de suponer que no son religiosas y que no «creen» en la oración.

Uno a menudo escucha que debemos «dejar trabajar a la oración» si se está orando por nosotros. Sin embargo, los experimentos indican que la oración intercesora es eficaz incluso cuando el recipiente no es consciente de ello. Esto significa que no podemos controlar conscientemente los efectos de las oraciones que se ofrecen en nuestro nombre.

El efecto de la oración, sin embargo, se puede fortalecer por la creencia. Esto es verdad en muchas áreas de la vida, incluyendo la medicina moderna, donde los doctores hacen un uso positivo de la creencia todo el tiempo. Cuando un médico le da a un paciente una medicación e insinúa con rotundidad que será eficaz, eso pone en marcha efectos físicos reales debido a la sugestión y a la expectativa: la respuesta placebo. Estos efectos positivos parecen aumentar lo que sea que la medicación hace. Del mismo modo ocurre con la oración: sus efectos se ven fortalecidos por la creencia y la fe. Hasta aquí para el recipiente. ¿Qué hay del orador? Si estoy orando por ti, ¿debo creer que mi oración va a funcionar? Muchos experimentos en la oración y en estados de conciencia parecidos a la oración sugieren que la creencia positiva es vitalmente importante. En el campo de la parapsicología, donde la gente alcanza efectos distantes con la mente, se sabe desde hace tiempo que es más posible que las «ovejas» (aquellos que creen que los efectos en la distancia son posibles) consigan mayores resultados en los experimentos que las «cabras» (los escépticos que no creen en la posibilidad).

Yo personalmente creo que la «oración incrédula» es una contradicción. No veo que nadie pueda orar genuinamente mientras cree que el esfuerzo es inútil.

Algunas personas piensan que *creencia* y *fe* en la oración son lo mismo, pero no lo son. A la fe se le ha llamado «la certeza de lo que se espera, la convicción de lo que no se ve» (Hebreos 11.1, RVR60). A diferencia de la fe, la creencia generalmente está basada en cosas que *se ven* y que podemos demostrar. En mi vida, la evidencia experimental de que la oración funciona cuando se pone a prueba en el laboratorio ha creado en mí una firme *creencia* de que la oración funciona. Mis creencias están basadas en evidencias empíricas, no en la fe ciega. Pero mi creencia en la oración no disminuye mi *fe* en ella. Muchos misterios rodean a la oración que los científicos no han iluminado y quizá no puedan iluminar… y aun así continúo teniendo fe.

Si tu fe y tu creencia en la oración flaquean, no te castigues por tus dudas. Sobre todo, no intentes hacerte creer en la oración. Permite que tus creencias divaguen; no las fuerces; deja que se desarrollen naturalmente. Cuando sea el momento de creer con más fuerza en la oración, lo harás.

Si intentas fabricar una creencia, no será genuina. Los psicólogos hablan del «doble vínculo», una situación sin salida en la que te equivocas sea cual sea el camino que elijas. Un ejemplo clásico del doble vínculo es cuando un padre controlador le da un mensaje a su pequeño: «¡Cariño, *debes* amarme porque todos los niños buenos aman a sus padres!». El padre le está exigiendo al hijo que haga algo que solo es genuino cuando no se exige, cuando sale de forma natural. Si hace caso a la orden, el amor no es genuino y ha fracasado. Pero si ignora la orden y realmente el niño no ama a su padre o su madre, también ha fracasado. En cualquier caso es un niño malo: el doble vínculo. Una situación sin salida idéntica se da cuando nos decimos que debemos creer en la oración o seremos unos fracasados espiritualmente.

No debemos tomarnos tan en serio que creamos o no en la oración. La oración no requiere nuestra creencia, como recipientes, para funcionar. Haremos bien en hacer caso a la sabiduría callejera adolescente de «tomarnos con calma» esta cuestión y recordar la observación del escritor británico G. K. Chesterton: «Los ángeles vuelan porque se toman a sí mismos muy a la ligera».

CUANDO NECESITEMOS ORAR, LO HAREMOS

La gente a menudo me pregunta: «¿Debería orar yo?». Como yo lo veo, eso es como preguntar si deberías beber agua o comer. Respirar. Dormir. Hacer el amor. Cuando *realmente* necesitas hacerlo, la pregunta se contesta sola.

Cuando los niños aprenden a caminar primero no preguntan si está bien que lo hagan. Simplemente caminan porque es natural. Un niño normal no puede evitar caminar. Caminar es simplemente lo que hacen los niños.

La oración es tan natural como caminar. Es un error preocuparse demasiado en si debemos o no hacerlo. Hacerse preguntas interminables como «¿Debería orar yo?» es lo que los budistas llaman «ponerle patas a la serpiente». Las patas son completamente innecesarias y se interponen en el camino. Según otro dicho budista, «Cuando camines, camina. Cuando te sientes, siéntate. ¡No titubees!». En otras palabras, no dudes. Esta es una valiosa lección para prácticas espirituales como la oración.

El psicólogo y teólogo Sam Keen advierte acerca de la «cerrazón espiritual»: poner una serie interminable de obstrucciones entre nosotros y nuestro objetivo espiritual. Un modo de evitar esa cerrazón espiritualmente es orar cuando sintamos que debemos hacerlo, cuando sintamos que está completa y totalmente bien, sin importar lo frecuente o infrecuente que pueda ser. De este modo podemos evitar las fórmulas y los mandatos, que solo se interponen en el camino.

Hace unos años estaba cenando con Paulos Mar Gregorios, que entonces era el presidente del Consejo Mundial de Iglesias. Al otro lado de la mesa había una joven conflictiva que intentaba entrar en una discusión con él. Intentando provocar deliberadamente una confrontación, declaró: «¡Yo no creo en Dios!». El doctor Gregorios respondió con una sonrisa amable y compasiva, y dijo suavemente: «No se preocupe. ¡Si lo necesita, lo hará!». La oración es como eso. Cuando necesitemos orar, lo haremos.

Cuando la oración se convierte en una actividad natural como caminar, ya no es una carga. Cuando así sucede parece como si ya no estuviéramos orando, sino que se orara por medio de nosotros. Se decía que San Francisco era una persona así: alguien que no oraba sino que se sentía rebasado y envuelto por la oración. Como dijo Richard Foster, Francisco «no parecía tanto un hombre orando como una oración en sí misma hecha hombre».

Orar de un modo artificial es como intentar respirar a propósito. Todo el que haya intentado controlar su oración se encuentra pronto con que funciona mejor a su aire. Para que algunas cosas funcionen mejor, debemos ponernos a un lado.

¿Pero cuánto debemos alejarnos? Algunos maestros espirituales han sugerido que nos apartemos totalmente de la oración. Como dice el monje benedictino el hermano David Steindl-Rast: «Mientras sepas que estás orando no estás orando adecuadamente».

¿Deberías orar? Si necesitas hacerlo, probablemente ya hayas empezado.

NO HAY UN MODO MEJOR DE ORAR

No es moralmente superior usar un método [de oración] u otro; lo correcto moralmente es ser honesto... Lo que es correcto para una persona no siempre es correcto para otra. La gente... debería cuidarse de ser engreída;... reduce el efecto curativo.

—Deborah Rose

Cuando alguien del público le preguntó a una famosa teóloga cómo orar, ella respondió: «Es muy simple. Pregúntaselo a Dios». Este es uno de los consejos más importantes acerca de cómo orar: debemos descubrir el método que es mejor para nosotros. En la oración no existen fórmulas; no hay una manera mejor; no hay una talla única que le encaje a todos.

«La gente pregunta: ¿qué clase de oración debería decir?», informa Deborah Rose, antigua vicepresidenta de Spindrift, Inc., una institución de investigación que ha estado estudiando la oración durante más de dos décadas.

¿Católica, protestante, judía, no verbal? ¿Debo pedir algo o simplemente intentar ser abierto?... Esto es como preguntar qué clase de instrumento debo tocar. ¿Violín?... ¿El arpa? ¿El piano? Depende de tu individualidad, tus circunstancias, tu trasfondo y tus inclinaciones. ¿Qué encaja contigo? Es importante desarrollar un estilo de oración... con el que estés cómodo.

También es bueno tener en mente que el estilo con el que oras cambiará de vez en cuando. Cuando se enfrentan a la muerte la gente ora de manera diferente que cuando lo hacen en la iglesia o dan gracias... Lo que es importante es la calidad y la armonía de la música. No el instrumento que la produce.

Los estudios que cito a lo largo del libro no solo muestran que la oración funciona, también revelan claramente que hay más de un modo de orar. Hay una variedad de métodos eficaces. Se puede orar por un resultado específico como el incremento de la actividad del sistema inmune. Por otro lado, se puede emplear el enfoque general del «Hágase tu voluntad» o una oración simple: «Que ocurra lo mejor». Se pueden usar palabras o el silencio; se puede orar en la distancia o junto a la cama. Todos estos métodos han arrojado resultados positivos cuando realmente se ponen a prueba. Hay incluso evidencias de que podemos orar en sueños. Por lo tanto, aunque la gente a lo largo de la historia ha buscado un único modo verdadero de orar, no han tenido éxito, porque no existe una «fórmula para orar».

Esto va contra nuestra tendencia natural. En la vida moderna hemos llegado a creer mayoritariamente en expertos que tienen las respuestas que necesitamos. En cada categoría de la experiencia humana consultores y especialistas han brotado como flores en primavera. Cuando queremos soluciones organizamos un estudio, reunimos a un jurado o contratamos a un equipo de profesionales. Esta creencia en el conocimiento de los expertos influye en nuestras suposiciones acerca de la oración. Por supuesto, nos decimos debe haber gente —ministros, sacerdotes, rabinos, santos, místicos— que conozcan el mejor modo de orar.

Cuando se trata de la oración, debemos ser nuestros propios consultores. Eso no significa que no podamos beneficiarnos de las observaciones y experiencias de los demás. Pero en algún momento debemos dejar a un lado sus consejos, lanzarnos y descubrir nuestro enfoque único en la oración.

¿Qué hay del consejo de la teóloga de «preguntar a Dios» cómo orar? Puede que suene como si hubiera un consultor celestial esperando a darnos todas las respuestas. Pero preguntarle a Dios no significa buscar «allá arriba» lejos de nosotros mismos. Cuando preguntamos al Todopoderoso cómo orar, vamos *hacia el interior*, porque si el Todopoderoso es omnipresente, también habita dentro. Como lo explica el mitólogo Joseph Campbell: «El reino de los cielos está dentro. ¿Quién está en el cielo? ¡Dios! ¡Eso significa que Dios está *dentro*!». Al ir hacia nuestro interior nos convertimos en nuestros propios sumos sacerdotes.

James W. Jones, filósofo y escritor, relata un cuento de la antigua India que expresa hermosamente la sabiduría que contiene cada uno. Según la leyenda, los dioses estaban discutiendo dónde esconder el secreto de la vida para que ni los hombres ni las mujeres lo encontrasen. «Entiérrenlo debajo de una montaña —sugirió un dios—; nunca lo encontrarán allí». «No —contaron los otros—, un día encontrarán un modo de cavar la montaña y descubrirán el secreto de la vida». «Pónganlo en las profundidades del océano más recóndito —sugirió otro dios—; estará seguro allí. «No —dijeron los otros—, algún día la humanidad encontrará un modo de viajar a las profundidades del océano y lo encontrarán». «Pónganlo dentro de ellos —dijo otro dios—; los hombres y las mujeres nunca pensarán en buscarlo allí». Todos los dioses estuvieron de acuerdo, y por eso se dice que los dioses escondieron el secreto de la vida dentro de nosotros.

¿Cómo debes orar? No te preocupes demasiado por ello. Deja a un lado tus ideas sobre lo que está bien y lo que está mal. Experimenta con métodos diferentes y sé amable y perdónate a ti mismo mientras lo haces. Cuando tu oración ritual parezca extraña y torpe, sonríe, date una palmadita en la espalda y ora de todos modos.

MÁS ORACIÓN NO SIEMPRE ES MEJOR

Hay un viejo chiste acerca de un ranchero del oeste de Texas cuya explotación ganadera estaba hecha un desastre debido a la sequía y a los precios por los suelos de la carne. Su rebaño estaba muerto de hambre, sus pozos vacíos y los precios de la carne continuaban bajando. Le costaba más dinero poner en venta una vaca del que sacaba por ella. Un día un ranchero vecino, que estaba en las mismas, se acercó para charlar. Apoyándose en un poste de la valla dijo: «Puede ponerse mucho peor. ¿Cómo vamos a seguir en el negocio?». El viejo ranchero le contesta con seguridad: «Lo haremos con volumen».

Con la oración a menudo tomamos el mismo enfoque. Más debe ser mejor. Así que intentamos apagar nuestros problemas con volúmenes de oración, como si la oración fuese alguna clase de *kétchup* celestial que pudiera cubrir todos los malos sabores de la vida si usamos el suficiente. Un vistazo a la historia nos diría que estamos fuera de onda aquí. Han existido numerosos santos y místicos enfermizos que pasaron sus efímeras vidas en continua oración, mientras que mucha gente que nunca ha pronunciado una oración no se ha puesto enferma y ha vivido hasta los cien años. Cuando se trata de la oración, más no siempre es mejor.

Sir Francis Galton, el eminente científico inglés del siglo XIX, realizó el primer estudio científico sobre la oración. Quería saber si aquellos que reciben la mayor parte de las oraciones —la realeza, los jefes del estado y altos miembros del clero— vivían más. Aunque estas figuras estaban inundadas de oración, Galton descubrió que su longevidad no era mayor, y llegó a la conclusión de que la oración no extiende la vida. (Su estudio, sin embargo, contenía muchos fallos. Entre ellos estaba el hecho de que la realeza estaba expuesta a uno de los mayores peligros para la salud de la época: la constante atención de los médicos. Además, podía haber gente que estaba orando *contra* ellos al mismo tiempo, cosa que Galton nunca consideró, aparentemente.)

¿Y si la oración funciona como la homeopatía? ¿Y si, al contrario que la razón, menos es más? En ese caso deberíamos estar orando con moderación, pero con mucha consideración: orando pocas veces pero bien.

No estoy defendiendo orar menos en vez de más; estoy seguro de que en algunos casos es más sabio orar más a menudo. Estoy sugiriendo, no obstante, que en la oración hay mucho misterio y que debemos prestar más atención a *cómo* oramos que a *cuán a menudo*: la calidad tanto como la cantidad.

Hoy en día algunas compañías farmacéuticas producen medicamentos genéricos que son mucho más baratos que los productos de marca de las firmas más grandes. Pero aunque las pastillas más baratas contengan la misma cantidad de medicina activa, en algunos casos se ha demostrado que hacen todo el trayecto del tracto intestinal sin ni siquiera disolverse. Salen enteras y sin cambios, igual que cuando fueron tragadas. Estas pastillas no son ninguna ganga. Puedes consumirlas a puñados sin ningún beneficio.

Cuando oramos, ¿se «disuelven» nuestras oraciones? ¿O permanecen igual de ineficaces que cuando las pronunciamos? Puede que suenen genuinas —pueden contener las palabras adecuadas, pueden estar prescritas por autoridades espirituales, puede que incluso vengan de libros santos o de manuales de oración—, pero nunca se activan.

Los estadounidenses solemos creer que si trabajamos suficientemente duro y durante el tiempo suficiente, podremos superar los obstáculos y conseguir nuestros objetivos. A menudo llevamos esta idea a nuestra vida de oración. Pero en la oración más intensidad no siempre es más inteligente, y más no es invariablemente mejor.

¿Qué *es* mejor? ¿Podemos identificar un ingrediente esencial de la oración que sea necesario para que esta funcione? En los resultados de los experimentos científicos que tratan de la oración y de estados de conciencia parecidos a la oración, una de las cualidades cruciales que aparece es el *amor*: compasión, empatía, profundo interés. El amor implica dejar marchar, aventurarse a salir de uno mismo, romper las barreras que nos separan de los demás. Otros estudios sugieren que una clase particular de desprendimiento también es importante: desprenderse de los resultados preferidos. En estos experimentos, cuando la gente utiliza un enfoque de «Hágase tu voluntad», en el que no indica los términos sino que pide solo para el bien mejor o mayor, la oración parece ser más eficaz.

El amor liberado: sin ello, las oraciones no se disuelven.

ELEGIR ORAR EN PÚBLICO O EN PRIVADO DEPENDE DE NUESTRO TEMPERAMENTO

¿Eres un introvertido que prefiere el aislamiento y la soledad o un extrovertido que prefiere la compañía de los demás? Muchos de nosotros tenemos un estilo de personalidad o un temperamento predominante, y esas diferencias afectan al modo en que oramos.

La oración en grupo o «colectiva» tiene ventajas definidas. Puede sentar bien congregarse con otros que comparten nuestras creencias, valores y propósitos. Por otro lado, mucha gente profundamente espiritual prefiere «entrar en su aposento» y orar privadamente, como ordenó Jesús en Mateo 6.6.

La pregunta de si un grupo de oración es mejor que la oración solitaria se relaciona con la pregunta de si orar más es mejor. ¿Es mejor combinar nuestras oraciones con las de los demás y orar como un equipo? Algunos de los intentos más interesantes de responder a esta pregunta han venido de los investigadores de la meditación trascendental (MT). Han llevado a cabo varios experimentos en los que la calidad de la vida en una comunidad —el nivel de delitos violentos, consumo de alcohol y drogas, robos y cosas así— se evalúa antes y después de la realización de la meditación en grupo. Estos estudios sugieren con rotundidad que más meditación produce de hecho mejores resultados.

Me he sentido fascinado durante mucho tiempo por estos experimentos, que han sido publicados en prestigiosas publicaciones científicas. Cuando fui invitado a la Universidad Internacional Maharishi en Fairfield, Iowa, donde muchos de los investigadores sobre la MT viven y enseñan, les pregunté: «Si la oración y la meditación funcionan a distancia, como sugieren las investigaciones, ¿por qué necesitan reunirse en grupo para conseguir este efecto?». «Porque nos ayuda a centrarnos, y sienta bien», fue su simple y sabia respuesta. El proceso de grupo estimula su disciplina para comprometerse realmente en la meditación. Estar juntos eleva su estado de ánimo e incrementa su energía. Todo el que haya participado en rituales de grupo es consciente del buen sentido de estas observaciones.

El teólogo y físico británico John Polkinghorne, presidente del Queens' College de Cambridge, ofrece una interesante base de por qué la oración en grupo puede ser sabia. Recurre a la metáfora del láser. La luz del láser es inusualmente poderosa porque es «coherente»; esto quiere decir que las crestas y los valles de las ondas que conforman la luz están en consonancia. «Creo que la coherencia divina y humana en la oración… puede hace posibles cosas que no lo serían si nosotros y Dios tuviéramos intereses opuestos», observa Polkinghorne. «Es apropiado animar a mucha gente a orar por la misma cosa. No para que haya más puños golpeando las puertas del cielo, sino para que haya más voluntades alineadas con la voluntad divina»: más coherencia, más orden, más poder, como la luz del láser.

A lo largo de la historia los instructores de la oración han reconocido durante mucho tiempo que las diferencias en el temperamento humano deben tomarse en cuenta. Hace siglos ciertos manuales de oración europeos distinguían entre dos formas de oración, el modo de María y el modo de Marta. El de María era solitario, silencioso, contemplativo. Era un modo de ser, no de hacer. Por el contrario, el de Marta era más activo y público. Este implicaba recitaciones, ejercicios verbales y el uso de imágenes específicas: un modo de hacer además de ser. Estas estrategias de oración reflejaban una clara comprensión de los diferentes temperamentos. Anticipaban los conceptos de introversión y extroversión, que no se introdujeron en la psicología moderna hasta el siglo XX por C. G. Jung.

¿Es mejor la oración privada o en grupo? Que oremos en público o en privado depende de nuestro temperamento, del estilo de nuestra personalidad, de nuestras inclinaciones naturales.

Saber cómo orar requiere que sepamos cómo somos.

PUEDES ORAR EN SUEÑOS

A lo largo de la historia la gente a menudo ha intentado orar mientras dormía y en sueños. Piensa, por ejemplo, en Peregrino Laziosi, un venerado sacerdote católico que vivió en Italia de 1260 a 1345. Peregrino desarrolló un cáncer avanzado en su pie y se planeó una amputación. Las amputaciones en la Italia del siglo XIV eran espantosas; la extremidad era serrada o cortada con un torpe instrumento mientras uno estaba despierto. Se dice que Peregrino, como es lógico, había orado antes de dormir para que la sanación viniera a él durante la noche. Tuvo una visión en la que era curado. Cuando se despertó el cáncer se había ido, la cirugía fue cancelada y él pasó el resto de su vida asistiendo a la gente afligida con cáncer. Fue canonizado como San Peregrino en 1726 y es conocido como el patrón de los pacientes de cáncer.

Esta idea de la oración inconsciente frecuentemente causa grandes dificultades para mucha gente religiosa. Después de que se publicara mi libro *Palabras que curan,* fui invitado a una entrevista en un canal de televisión cristiano que transmitía vía satélite a todo el mundo. Antes del programa el presentador me llevó a un lado para comprobar lo que tenía planeado decir a las cámaras. Sabía que yo no estaba afiliado a ninguna religión en particular, y le ponían nervioso mis puntos de vista sobre la oración. ¿Estaba interesado en explorar alguna área específica? Le respondí que me sentía particularmente fascinado por el papel de la mente inconsciente en la oración, particularmente en aquellas circunstancias en las que ocurre una sanación durante el sueño, como en la experiencia de San Peregrino. Dije que entendía que los espectadores se interesarían por este aspecto de la oración poco explorado. El presentador estaba horrorizado. Se quedó pálido, y sin palabras durante un momento. «Oh no», consiguió tartamudear al final. «¡Desde luego que no podemos hablar de eso!». Había cruzado la línea del dominio del inconsciente. Respeté los deseos de mi anfitrión y no discutimos las oraciones en sueños.

¿Por qué algunas religiones sienten tal desconfianza de la mente inconsciente? Parece que por regla general creen que cuando soñamos o cuando meditamos y «nos vaciamos» puede pasar cualquier cosa, incluyendo invasiones del mal en cualquier forma concebible. Abrir el inconsciente es una invitación al desastre espiritual, piensan, y siempre debemos estar vigilantes. (Uno se pregunta si este punto de vista conlleva a la privación del sueño en los beatos.)

Estos miedos surgen de las suposiciones inexactas, como la idea de que el inconsciente es un vacío completo. Cualquiera que haya explorado el inconsciente sabe que difícilmente está vacío. Está muy vivo; nunca descansa. Sin darse cuenta de esto, los objetores religiosos igualan el inconsciente con un estado impotente e indefenso que nos hace ser objetivo fácil para una infinita variedad de maldades.

Las actitudes negativas hacia el inconsciente también pueden encontrarse, por supuesto, en el trabajo de Sigmund Freud. Para él el inconsciente era el depósito de los deseos patológicos y las fantasías reprimidas. A Freud se le considera ampliamente como uno de los enemigos más temibles de la religión del siglo XX. Desconfiar del inconsciente hace extraños compañeros de cama.

A pesar de la extendida desconfianza en el inconsciente, muchos ejemplos, como el de San Peregrino, sugieren que el inconsciente puede estar íntimamente implicado en la oración y la sanación. Tal vez no es sorprendente. Cuando se duerme y se sueña dejamos a un lado nuestros egos y nuestras defensas psicológicas. Como resultado, la oración no tiene que batallar con el escepticismo y la duda que están presentes durante nuestra vida despierta. En los sueños cualquier cosa parece posible, y suceden milagros. Tal vez es por eso que a menudo los sueños parecen ser una de las formas más eficaces de oración.

Las oraciones y los sueños interactúan en una variedad infinita de maneras, como en la siguiente experiencia:

En diciembre de 1992 me diagnosticaron un agresivo cáncer de vejiga que se había extendido por los nódulos linfáticos. Fui inmediatamente a la Clínica Mayo para una segunda opinión. Los médicos de Mayo, al igual que mis doctores originales, recomendaron una cirugía inmediata —quitar la vejiga y la próstata— a la que yo accedí. Después de mi recuperación todos los médicos fueron enfáticos en que debía tomar quimioterapia por si el cáncer no hubiera sido extirpado completamente en la operación. Finalmente decidí no hacer caso de su recomendación, y en vez de eso elegí usar algunos métodos naturales con los que estaba familiarizado y en los que creía.

La segunda noche después de empezar este programa tuve una charla con Dios. Le dije que estaba completamente seguro de que estaba haciendo lo correcto, que había sido sanado o que lo sería completamente, y quería que él lo confirmase en un sueño con una señal tan obvia que yo no pudiera confundirla.

Este es el sueño: iba en el asiento del pasajero en un coche que viajaba por una campiña. Al mirar por la ventana vi que aparecía de repente una luz en el cielo, muy arriba. Se hacía cada vez más brillante, iluminando el universo entero. Estaba emocionado y me giré al conductor y dije: «¡Esa es la luz! Esa es la luz de la que hablan en la Biblia... ¡Es su señal!». Me desperté sabiendo que había recibido su señal, que estaba haciendo lo correcto y que sería sanado si no lo estaba ya.

Estoy total y completamente limpio de todo el cáncer. Ni siquiera mi escéptico oncólogo pudo encontrar algún síntoma o señal. Me siento humilde y bendecido por estas experiencias.

La gente ha obtenido en sueños la respuesta al camino a seguir —saber cómo proceder en la vida— a lo largo de toda la historia humana registrada. Piensa en el siguiente relato:

En cuestión de dos años mi marido y yo perdimos nuestros trabajos. Con cuatro niños en casa, la vida se hizo muy difícil. Para mi marido fue una crisis laboral. Incapaz de conseguir otro empleo, estaba trabajando para establecer su propio negocio. Para mí fue más una crisis espiritual. Había pasado los últimos tres meses desde que perdí mi trabajo en una búsqueda interna —leyendo, meditando, caminando, pensando— con el deseo de encontrar dirección para el siguiente «trabajo de mi vida».

Entonces tuve un sueño. Conducía por una autopista muy oscura. No había luces ni otros coches en la carretera. De repente, en la distancia, vi los dos faros luminosos de un coche venir hacia mí... ¡en mi carril! Tuve tiempo de pensar y tomé una decisión acerca del mejor modo de evitar un choque frontal. Aunque sabía que lo habitual era moverse a la derecha, juzgué que, en este caso, moverme a la izquierda era la mejor opción. Me desvié a la izquierda y cuando el coche me pasó sano y salvo me dije: «Vaya, espero que se dé cuenta de que va en dirección contraria y dé la vuelta». Muy poco después comencé a conducir de nuevo y vi en la distancia *muchas* luces brillantes que venían hacia mí. ¡Esta vez comprendí que era *yo* quien iba en dirección contraria! De nuevo tuve tiempo de pensar y tomé una decisión. Rápidamente di un giro de 180 grados y me alejé sana y salva.

Pensé en el sueño cuando me desperté pero no le apliqué ningún significado o interpretación. Más tarde aquella noche, durante mis oraciones de la tarde, sintiéndome insegura e indecisa, pedí confianza. ¡Nada más expresarla me di cuenta de que mi oración pidiendo confianza había sido contestada! Y comprendí que el mensaje de mi sueño era que solía viajar en una dirección equivocada, pero ahora iba por el camino correcto.

¿Podemos realmente cultivar la oración en los sueños? Muchos investigadores contemporáneos del campo de los «sueños lúcidos» dicen que sí. El sueño lúcido es un estado en el que uno sabe que está soñando y a menudo implica el control voluntario del contenido del sueño. Hay disponibles libros de los investigadores Stephen LaBerge, Jane Gackenbach, Robert van de Castle y muchos otros para guiar a cualquiera interesado en la exploración de esta fascinante área. Los parapsicólogos Stanley Krippner y Montague Ullman han llevado a cabo experimentos en laboratorio que indican que se puede adquirir información específica durante los sueños y que se puede intercambiar a propósito entre individuos en la distancia. Esta investigación sugiere que el contenido de los sueños no es el ruido aleatorio que algunos científicos han sugerido.

A lo largo de la historia humana los sueños y las oraciones nocturnas han servido a los grandes sacerdotes, chamanes y videntes de cada cultura. La mayor parte de las culturas han visto los sucesos oníricos como portales de acceso a los dioses. Incluso en la Biblia los sueños han sido vistos como conductos de sabiduría del Todopoderoso a los humanos. Uno de los obstáculos modernos a esas tradiciones ancestrales es la idea de que la oración siempre debe ser una actividad para cuando estamos *despiertos* que implica palabras, recitaciones, rituales y la asistencia a una catedral, iglesia o sinagoga. Ciertamente estas actividades son parte de la oración, pero no lo son todo.

El místico cristiano del siglo XIII el maestro Eckhart dijo: «No hay nada en toda la creación tan parecido a Dios como la quietud»... incluyendo, debemos suponer, la quietud de los sueños.

—∿—

VISLUMBRAR EL INFINITO

Una de las grandes cargas que llevamos es la certeza de que la vida terminará trágicamente en la muerte. Este miedo descansa en nuestra creencia de que el tiempo fluye, como un río, y que nos empuja irreversiblemente hacia la extinción. La muerte nos espera a todos; nadie escapa de los estragos del tiempo.

A pesar del sentimiento común de que el tiempo es un flujo de un solo sentido, ningún experimento en toda la historia de la ciencia ha demostrado jamás que el tiempo fluye. Esto puede ser una sorpresa para muchas personas que dan por supuesto que los científicos asentaron las preguntas básicas acerca del tiempo hace mucho. De hecho, la naturaleza del tiempo mantiene un encendido debate dentro de la ciencia, sin resolución a la vista. No esperes conseguir respuestas definitivas de los científicos acerca de lo que es el tiempo. Algunos investigadores, como el premio Nobel Ilya Prigogine, buscan restaurar la linealidad y la dirección del tiempo a lo largo de las líneas del sentido común. Otros, como el premio Nobel Richard Feynman, han declarado que la naturaleza del tiempo simplemente es «demasiado difícil», dando por hecho que puede que estemos a oscuras acerca de estas cuestiones durante mucho tiempo más. El físico John Hagelin, una autoridad en el área de la física llamada teoría de cuerdas, cree que el tiempo no está hecho de sucesivas unidades como segundos, minutos y horas. En vez de eso, él asegura: «La única unidad natural del tiempo es la eternidad».

¿Está la vida destinada a terminar trágicamente en la muerte? Eso depende de la respuesta que le demos a la naturaleza del tiempo. Si el tiempo no fluye como suponemos, tal vez debamos echarle otro vistazo al significado de la muerte. Esto no quiere decir que la muerte no tenga lugar, sino que su importancia puede ser diferente a lo que asumimos ordinariamente. Puede que no sea el fin absoluto que pensamos.

¿Cómo podemos decidir? En vez de orar para no morir, quizá debamos orar en su lugar por una comprensión diferente del tiempo: tiempo como eternidad en vez de un flujo que siempre señala hacia la aniquilación. Si la oración nos proporcionara una experiencia no fluida del tiempo, podría neutralizar nuestra sensación de tragedia.

La oración *puede* revelar cómo se siente la eternidad. Durante la oración a menudo sentimos que el tiempo se para, y por un momento vislumbramos el infinito. Esta percepción puede extenderse más allá de la oración a cualquier momento despiertos. Es posible que este nuevo modo de estar en el tiempo se vuelva tan real que continuamente nos sintamos inmortales. Para aquellos que han obtenido esta conciencia, la inmortalidad no es una posibilidad teórica sino una certeza. Este es un modo en que la oración anula la tragedia: no evitando que ocurran los sucesos negativos, sino modificando el impacto que estos tienen en nosotros transformando nuestro sentido del tiempo.

En vez de dedicar tiempo a la oración, tal vez deberíamos dedicar oración al tiempo: no al flujo de tiempo desde el que se construyen nuestros miedos y ansiedades, sino el tiempo infinito y eterno.

¿Por qué no podría la oración erradicar toda la tragedia del mundo? Tal vez ya lo ha hecho… justo a tiempo.

PERDONARNOS POR PONERNOS ENFERMOS

«Si hubiera estado más avanzado en mi camino espiritual, la biopsia habría dado negativa», dijo uno de mis pacientes una vez. ¿Por qué nos culpamos por ponernos enfermos? Yo llamo a esto el remordimiento de la Nueva Era, y es una epidemia actualmente en nuestra sociedad. Las acusaciones también pueden venir de otros. Llamo a esto la culpa de la Nueva Era.

Por supuesto, la enfermedad *puede* ser un reflejo de la psique. Por ejemplo, la gente que experimenta un grado altísimo de estrés psicológico en el trabajo y no tiene control sobre las demandas de su trabajo tienen una mayor incidencia de ataques al corazón. Además, es bien sabido que los individuos cargados de una sensación de estrés y ansiedad y que son cínicos e irascibles hacia la vida en general —los que se dice que tienen una personalidad de Tipo A— tienen más probabilidades de morir jóvenes de una enfermedad cardiaca.

Pero ejemplos como estos no significan que *todas* las enfermedades estén relacionadas con problemas psicológicos o fracasos espirituales. Muchos grandes santos y místicos murieron de espantosas enfermedades, algunos a muy corta edad. Como observa la teóloga Karen Armstrong en su libro *Visions of God* [Visiones de Dios]: «El misticismo puede conllevar serias amenazas contra la salud. La vida mística debería llevar una advertencia sanitaria: puede provocar serios daños en la salud mental y física». Si «ser espiritual» inmunizase contra la enfermedad, los santos y místicos habrían vivido mucho y estado sano. El hecho de que a menudo no lo estuvieran demuestra que se puede alcanzar una gran altura espiritual y ponerte muy enfermo.

¿Por qué las células del estómago de Ramana Maharshi, el santo más querido de la India moderna, se volvieron cancerosas, y por qué este hombre cercano a Dios tuvo una muerte dolorosa debido al cáncer de estómago? ¿Por qué Buda, el Despierto, murió de intoxicación alimentaria? ¿Por qué fue afligida Santa Teresa de Ávila con una artritis abrumadora? ¿O por qué resultó positiva nuestra biopsia, a pesar del hecho de que puede que hayamos hecho un inmenso trabajo espiritual en nuestra vida? En cada caso las células del cuerpo están siendo simplemente ellas mismas, haciendo lo que hacen las células, lo que a veces implica fallos.

En el último medio siglo los científicos médicos han descubierto las conexiones más íntimas entre la mente y el cuerpo. Esta visión, con todo lo maravillosa que es, no debe extenderse demasiado lejos. La correlación entre la salud mental y física es aproximada, no invariable. Aunque hagamos nuestras tareas espirituales, *no siempre* se dará el caso de que seamos bendecidos con buena salud.

En el primer versículo del primer capítulo del libro de Job leemos: «Job... era... perfecto». Y más adelante: «En todo esto no pecó Job». La historia de Job demuestra que la perfección, el desastre personal y la enfermedad física pueden ir de la mano. A veces las células de nuestro cuerpo simplemente van a ser ellas mismas y a quebrarse, sin importar lo avanzados espiritualmente que estemos.

Casi todo el mundo experimenta la enfermedad tarde o temprano. Cuando hacemos las preguntas inevitables —¿por qué está pasando esto? ¿Por qué a mí?— debemos resistirnos a culparnos por causar el problema. Cuando nuestros órganos, células y moléculas fallan, en vez de criticarlas debemos agradecerles y bendecirlas por sostenernos con toda su fidelidad.

La doctora Gladys McGarey, antigua presidenta de la American Holistic Medical Association [Asociación médica holística americana], es una doctora que comprende el valor de una actitud perdonadora y desenfadada hacia el cuerpo. Una vez declaró que las mujeres deberían ser menos malsanas a la hora de hacerse autoexámenes de mama. En vez de buscar bultos en las mamas con miedo e inquietud, aconseja a las mujeres que en realidad se dirijan a sus mamas como buenas amigas cuando comienza el examen: «¡Hola, chicas! ¿Cómo están? ¿Qué tal el día?».

Debemos tomar una actitud menos demandante hacia nuestros cuerpos. Puede que ellos lo agradezcan. A nadie le gusta que le digan que tiene que ser perfecto todo el tiempo.

ORAR «HÁGASE TU VOLUNTAD»

Usar un enfoque de «Hágase tu voluntad» o «Que ocurra lo mejor» en la oración requiere fe y confianza en que prevalecerá el mejor resultado. También significa dejar a un lado nuestras preferencias y demandas. Esto puede ser muy difícil, porque muchos de nosotros sentimos que sabemos con anterioridad lo que es mejor, y no perdemos tiempo en decirle al Absoluto lo que tiene que hacer.

Por eso muchos de nosotros tenemos una pauta escondida cuando usamos una forma de oración de final abierto. Si estamos enfermos y oramos «Hágase tu voluntad», a menudo lo que estamos pensando es: «Por cierto, no me importaría si la enfermedad se fuera». O: «Hágase tu voluntad, pero envíame un ascenso mientras lo haces». Si nuestras demandas y deseos personales contaminan nuestras oraciones de «Hágase tu voluntad», esas oraciones no son sinceras.

Una de las mejores razones para descansar en una oración de final abierto y no dirigida es que nuestro conocimiento es limitado. Incluso cuando pensamos que estamos orando por lo mejor, puede que andemos desencaminados. Deborah Rose, antigua presidenta de Spindrift, Inc., una institución de estudios sobre la oración, ofrece la analogía de orar por tomateras sanas. Asumimos que lo mejor para las tomateras es producir montones de tomates grandes y rojos, y hacerlo rápidamente. ¿Pero eso es lo mejor? Los tomates de esta clase pueden producirse poniendo las plantas en un invernadero, pero los tomates que crecen así no están tan buenos, se reproducen menos y su resistencia a las enfermedades disminuye. Por lo tanto, aunque nosotros pensamos que estamos orando por plantas más sanas, descubrimos que esta clase de oración en realidad les resulta poco saludable.

¿Podría haber sido más sabio decir simplemente «Hágase tu voluntad»? Si lo hubiéramos hecho y las plantas de tomate hubieran crecido más despacio y hubieran producido menos tomates y más pequeños que los que deseamos, nos habríamos quejado de que nuestras oraciones no habían sido contestadas. Pero de hecho habrían sido contestadas desde el punto de vista de las tomateras.

Rose cree que las investigaciones de Spindrift apuntan a una «fuerza ordenadora» en la oración, que evita que la oración sea usada para estimular un organismo más allá de lo que es bueno. Cuando los productores de leche oraron «Hágase tu voluntad» en un experimento de Spindrift, sus vacas dieron *menos* leche, no más. Rose explica:

> La fuerza ordenadora a menudo causa que una vaca dé menos leche porque las vacas en Estados Unidos suelen estar condicionadas y criadas para dar más leche de lo que es bueno para ellas... La gente dirá: «Oh, mi oración no funcionó. La vaca dio menos leche». Funcionó. La fuerza ordenadora va a hacer lo que sea mejor para el organismo, no necesariamente lo que tú esperes.

A veces la fuerza ordenadora de la hipótesis de los investigadores de Spindrift parece considerar no solo las necesidades del organismo, sino las necesidades de toda la comunidad:

Si te estás muriendo de hambre y estás a punto de perder tu granja, y has orado por las vacas y necesitas que den suficiente leche para que puedas conseguir el dinero necesario para salvar la granja y alimentar a la familia,... la fuerza ordenadora puede que dé como resultado que una vaca dé más leche, pero lo hará de un modo que no dañe a la vaca... La fuerza ordenadora trabaja para el bien mayor de la comunidad. No se puede manipular ni engañar, y tiene su propia ética innata o sistema de justicia. Interactuará con las necesidades del conjunto.

Spindrift continúa poniendo a prueba estas ideas. Aunque sus oraciones obtuviesen menos producción de leche en las vacas de Estados Unidos, las oraciones por las cabras en Haití produjeron *más* leche. En Haití se necesitaba muchísimo la leche; en Estados Unidos no. Los investigadores de Spindrift lo consideran un ejemplo de que la fuerza ordenadora en una oración de tipo «Hágase tu voluntad» no actúa a ciegas, sino que considera las necesidades tanto de los organismos como de toda la sociedad.

Esto puede parecer desconcertante. ¿Cuáles *son* las necesidades de los organismos? ¿Cuáles son las necesidades de la comunidad y de la sociedad en general? ¿Dónde está el equilibrio entre ambas? En un enfoque de tipo «Hágase tu voluntad» no tenemos que conocer estas respuestas. La fuerza ordenadora las proporciona sin nuestra ayuda.

Mientras participaba en el trabajo de salud con la gente rural de Haití, el equipo de Spindrift empezó a tener problemas para almacenar la leche. Así que oraron por alguna clase de sistema de enfriamiento primitivo que mantuviera fresca la leche. Aunque el sistema de enfriamiento no apareció, la leché comenzó a permanecer fresca varios días más sin refrigeración. Cuando trataron de replicar este resultado de regreso a Estados Unidos, no tuvieron éxito. «No sabemos a ciencia cierta [por qué los resultados fueron diferentes] —dice Rose—, pero pensamos que tiene que ver con la necesidad. En la cocina de mi casa no necesitamos realmente que la leche permanezca fresca, mientras que en Haití literalmente las vidas dependen de ello».

Si las observaciones de Rose son correctas —si el lugar de un experimento y el contexto social son importantes—, las implicaciones para la ciencia son profundas. Según el pensamiento científico actual, el lugar donde se realiza un experimento es irrelevante. Si un experimento funciona en Boston, debería funcionar igual de bien en Brasil. Aunque esto puede ser cierto para alguna clase de experimentos, puede que no sea cierto para estudios que implican oración y otras actividades de la conciencia. Para acomodar el modo en que funciona la oración, la teoría científica debería extenderse más allá de su marco presente.

Una vez recibí una carta de un hombre que argumentaba que la oración del tipo «Hágase tu voluntad» era una evasión de la responsabilidad. «La gente sin valor está siendo atraída a este método —decía—. Si la gente ora "Hágase tu voluntad" siempre pueden decir que la oración fue respondida. Nunca tendrán que enfrentar el hecho de que la oración es inútil. Si tuvieran agallas orarían por algo específico, y se arriesgarían a ver fracasar la oración». Yo no estoy de acuerdo. Una estrategia de oración de «Hágase tu voluntad» no es para cobardes, sino para gente que tiene la fortaleza para aceptar el veredicto del Absoluto, sea cual sea. Es mucho más fácil hacer demandas y peticiones específicas. El mayor desafío es estar contento con menos leche, no con más.

ORAR POR MAÍZ EN IOWA

Hablemos sobre las listas de oración. El reverendo Karl E. Goodfellow, ministro metodista en Guttenberg, Iowa, tiene doce mil. Esto es más o menos el número de granjas familiares en los ocho condados que conforman su distrito eclesial en la parte noroeste del estado. El reverendo Goodfellow piensa a lo grande. Pronto llegará hasta las cien mil, el número total de granjas en el estado.

Goodfellow comenzó a hacer investigaciones sobre la oración como parte de un proyecto de doctorado del seminario. En ese momento estaba interesado en los cambios sociales en las iglesias como resultado de la oración. Más tarde descubrió evidencias que sugieren que la oración puede afectar la tasa de germinación y las características de crecimiento de las semillas. Cuando se hizo ministro rural en Iowa, donde se encuentran algunas de las tierras de cultivo más ricas de la Tierra, tuvo una magnífica oportunidad para probar los efectos de la oración sobre las plantas.

La iglesia de Goodfellow comenzó a orar por las semillas, y las semillas bendecidas rendían mejor. Después le pidió a Dios que bendijera parte de un campo de maíz. Los granjeros que participaron en el experimento informaron de una mayor producción en las áreas donde los cultivos habían sido bendecidos. Los granjeros son gente práctica; cuando algo funciona, toman nota. Así también lo hicieron los medios. El proyecto de Goodfellow salió en publicaciones nacionales y fue invitado a programas de debate.

¿Por qué ese intenso interés? En los últimos años han ocurrido desastres agrícolas por todo el Medio Oeste de Estados Unidos en una tasa alarmante. Con cada granja cerrada se pierden aproximadamente 70.000 dólares para la economía local. La pérdida no es solo económica. En Iowa la gente es consciente de que están sujetos a las plantaciones vivan en el campo o no. El tejido social se ve comprometido por la menguante población agrícola. La gente ve marchar a sus vecinos, morir las escuelas y las iglesias y a las comunidades enteras siendo amenazadas.

Goodfellow comenzó a discutir el problema con el clero de toda su área. Cada ministro con el que habló compartió sus miedos acerca del impacto de una comunidad agrícola en decadencia. Si la oración funcionaba para los cultivos, se preguntaba Goodfellow, ¿por qué no para los granjeros? Estableció el objetivo de encontrar un compañero de oración para todos los granjeros de Iowa. Los compañeros de oración orarían diariamente desde el 8 de octubre hasta el 30 de noviembre, el apogeo de la cosecha. Se sorprendió al descubrir que había unas cien mil granjas en todo el estado. «Era un poco sobrecogedor», dijo. Así que hizo más pequeño el proyecto incluyendo «solo» cerca de doce mil familias en los ocho condados de su distrito eclesial.

Cada persona que accedió a participar recibió los nombres de diez familias por las que orar, además de un folleto con mensajes devocionales con un fuerte aroma rural. Se oraba por las familias granjeras cada día, por su nombre. Aunque algunos de los que oraban preferían hacerlo anónimamente, los parroquianos que oraban a menudo mandaban una carta a las familias de su lista junto con una copia del folleto devocional usado en el proyecto, si lo deseaban. «Para un montón de familias granjeras la única vez que les contacta una iglesia es por dinero —dice Goodfellow—. Puede que esta haya sido la primera vez que se ha contactado con ellos para decirles que están orando por ellos, que son apreciados por el papel que juegan en sus iglesias, comunidades y escuelas».

Además de orar por una generosa cosecha, los parroquianos oraron también por la reducción de accidentes en la granja, un azote en las zonas rurales de Estados Unidos. Las granjas no solo requieren un trabajo duro, sino que también pueden ser peligrosas. La pérdida de dedos, manos y brazos son fáciles de ver en las granjas estadounidenses.

El manual usado en el proyecto de Iowa es *God's Harvest—God's People* [La cosecha de Dios, el pueblo de Dios], una colección fundamental de mensajes de inspiración escritos por los mismos iowanos del noreste. Los mensajes eran impactantes. La reverenda Joann Hary, pastora de la Iglesia Unida Metodista de Aurora y Lamont, quien creció en una granja, escribe acerca de la pérdida de un brazo de su padre en un accidente agrícola y su consiguiente rehabilitación. Su padre «se hizo amigo» del aparato que llevaba como mano izquierda y visitaba a otros granjeros heridos. Les aseguraba que si él pudo superarlo por la gracia de Dios, también podrían ellos. Unas páginas después Richard Shaw de Calmar habla de su ataque al corazón cuando se vio obligado a abandonar su granja. Yo me conmoví mientras leía esos mensajes de pérdida y fe.

Crecí en una pequeña plantación de algodón en el centro de Texas, y toda mi vida he tenido un profundo respeto por las familias granjeras. A pesar de sus duras circunstancias, los granjeros pueden llegar a ser la gente más inclinada a la espiritualidad que jamás haya conocido. En general, sienten un respeto sagrado y reverencial por la tierra. Como leí en algunos de los devocionales de Iowa, me convencí todavía más en esta visión.

«Respeta los sistemas y ciclos naturales» —recomienda el devocional del 10 de octubre, escrito por la reverenda Mary K. Green de la Iglesia Metodista Unida de Edgewood, Iowa.

Conoce nuestro entorno y sus necesidades. Usa la lógica, la ética y el cultivo del amor, como haría cualquier pastor... La pérdida del mantillo es una amenaza para la civilización básica. Cuando el mantillo se va así lo hace también el potencial para la vida... A los granjeros se les pide que alimenten a 92 millones más de personas cada año con 24 mil millones menos de mantillo ¡cada año!... El futuro depende de no dañar estas formas de agricultura. El destino de las aguas y los terrenos de la tierra está determinado por cómo NOSOTROS los usamos. TODO el mundo tienen una oportunidad de actuar. Átate física, personal y espiritualmente a la tierra que nos sostiene. Toma poder al conocer que tus actos marcan una diferencia sustantiva y positiva en la creación de Dios. Empieza haciendo lo correcto, siendo el Buen Pastor, aunque pueda ser difícil, inconveniente o costoso.

Liz Goodfellow, la esposa de Karl, escribió el devocional del 28 de octubre. Liz también creció en una granja, y de niña aprendió que el dolor y el sufrimiento nunca están lejos de una granja ocupada.

Los accidentes ocurren demasiado rápido. Bueno, así lo pareció cuando en un segundo mi hermano encendió el interruptor para hacer funcionar el descargador del granero y al siguiente vimos sangre goteando del brazo de mi padre. Él había estado intentando arreglarlo, pero cuando gritó por el vertedero, comprendimos mal sus instrucciones. *Oh, Dios, ayuda. ¿Qué hemos hecho?* Gracias a Dios mi padre permaneció en calma y conservó la conciencia. Rápidamente nos dijo lo que teníamos que hacer para ayudarle y poco después mamá y papá estaban de camino a urgencias. Los demás permanecimos en casa para terminar las tareas y preocuparnos. ¿Iba a estar bien? ¿Por qué tuvo que pasar eso? ¿Seríamos capaces de volver a ayudar alguna vez? Nuestro corazón cayó en la desesperación. Nunca pretendimos que nada saliese mal. *Escucha mi llanto, Oh, Dios; atiende mi oración...* Papá regresó a casa ese mismo día, con puntos y una sonrisa...

Desde que empezó el proyecto de oración, los granjeros comenzaron a informar de experiencias interesantes... «cosas que han ocurrido que podrían haber sido desastres, pero no lo fueron». Un granjero fue aspirado por un vagón tolva de trigo, cosa que podría haberlo ahogado, pero salió sin un rasguño. Otro granjero cerca de Hawkeye estaba conduciendo una cosechadora cuando un tráiler se le cruzó por delante. Solo un «milagro» evitó una colisión fatal.

Algunas personas se oponen a este enfoque de la oración. Orar por cosechas de trigo abundantes, dicen, es egoísta. ¿Acaso aquellos que se oponen a orar por trigo, para ser coherentes, también rechazarían la oración de Jesús de «el pan nuestro de cada día, dánoslo hoy»... orando por pan que está hecho de trigo?

El proyecto de oración de Goodfellow va más allá de fanegas por acre. Él cree que la oración ayuda no solo a la persona o la situación por la que se ora, sino también a la persona que realiza la oración. Como pastor ha visto que a menudo cuando la gente ora en beneficio de otros, ellos mismos se vuelven más compasivos. Se tomarán el tiempo de hacer una llamada de teléfono, pararse a hablar con alguien en la calle o llevarle comida a alguien en necesidad. No es de extrañar, por tanto, que el proyecto de oración de Goodfellow haya afectado no solo a granjeros sino también a urbanitas. La gente de ciudad parece estar empezando a comprender mejor a los de granja, y expresan su preocupación escribiendo cartas y llamándoles por teléfono. Los granjeros están agradecidos. Un granjero dijo que en un momento en que parece que tanta gente está en contra de los granjeros, era bueno saber que alguien les estaba apoyando. Un granjero de Melville llamó para decir: «No me conoce, pero solo quería llamar y dar las gracias. Todos los días enfrentamos un montón de presión, y es bueno saber que le importamos a alguien».

El reverendo Goodfellow se ha visto inundado de peticiones del material devocional y de consejos para empezar redes de oración. Está trabajando con un grupo de la Universidad de Iowa para recoger datos reales sobre los efectos de la oración en la abundancia de la cosecha y la tasa de accidentes agrícolas. Tiene planeado expandir el programa para incluir a las cien mil granjas de Iowa, y después a todas las del Medio Oeste. ¿De dónde vendrán los fondos? Eso, también, está en su lista de oración.

LA RESPUESTA NO SIEMPRE ES SÍ

A menudo la gente se pregunta por qué la oración no es contestada el cien por cien de las veces. ¿Pero cómo sabemos que no lo es? Hay muchas otras respuestas totalmente buenas para la oración, como *no, tal vez, puede, todavía no* o *ya veremos*. Si añadimos todas las posibles respuestas, tal vez nuestras oraciones *son* contestadas el cien por cien de las veces.

Si miramos la oración desde un punto de vista médico, podemos preguntar: ¿qué terapia *funciona* el cien por cien de las veces? Esa terapia no ha existido jamás. Incluso los tratamientos más poderosos fallan de vez en cuando. Además, los médicos nunca saben de antemano si una terapia en particular funcionará o no en cierto individuo. Simplemente sopesamos las probabilidades, lo intentamos y esperamos que funcione, pero como saben todos los doctores, a menudo no lo hacen. Lo mismo con la oración. Nunca sabemos cuál será el resultado, pero oramos de todos modos.

Es algo bueno que nuestras oraciones no siempre tengan un sí por respuesta. Por ejemplo, si se hubieran concedido todas las oraciones para curar una enfermedad que se han pronunciado en la historia de la raza humana, casi nadie habría muerto. Esto habría dado como resultado un desastre hace milenios por medio de una superpoblación a gran escala. Hoy no habría sitio donde pararse, y la Tierra no sería apta para que la habitasen los humanos.

El hecho es que no siempre somos suficientemente sabios para saber por qué pedir. A veces necesitamos ser protegidos de nuestras propias oraciones. Imagina a los miles de personas que están orando al mismo tiempo por un sitio para aparcar en el centro de Chicago, Los Ángeles o Nueva York. Si se contestarán que sí a todas sus oraciones, habría una implosión colosal al llegar todos al espacio de aparcamiento simultáneamente. C. S. Lewis resumió nuestras limitaciones al observar que: «Si Dios me hubiera otorgado todas las oraciones tontas que he hecho en mi vida, ¿dónde estaría ahora?».

¿Por qué no siempre las oraciones tienen un sí por respuesta? Es una bendición disfrazada que no lo tengan.

TEN CUIDADO CON LO QUE PIDES

En una reciente encuesta de Gallup, los cinco temas principales de oración eran el bienestar de la familia, la acción de gracias, el perdón, la fortaleza emocional y la paz personal. Aun así, una gran mayoría de personas consideran la oración principalmente como un modo de conseguir cosas físicas. El hábito no es nuevo, por supuesto. El maestro Eckhart, el gran místico alemán del siglo XIII, deploraba ese uso de la oración. Lamentaba en sus sermones que la gente usase a Dios como a una vaca, solo por la leche y el queso que puede dar. Eckhart probablemente sabía que la palabra *plegaria* para referirse a la oración viene del latín *precarius*, «obtenido por el ruego», y *precari*, «rogar»: pedir fervientemente, suplicar, implorar.

Sin embargo, solo porque pedimos por algo en oración no significa necesariamente que estemos siendo avariciosos. Podemos pedir salud para nosotros para mejorarnos y ser de gran servicio a otros. Podemos rogar que mejore nuestra economía para que podamos establecer un proyecto para ayudar a personas en necesidad. Podemos pedir una mayor capacidad de compasión y amor.

Aquellos que oran por avaricia deberían tener cuidado. La oración tiene incorporados dispositivos disciplinarios para aquellos que abusan de ella. Podemos hacernos una idea de ellos en fábulas sobre «la venganza del hada buena», de lo que ha escrito elocuentemente la antropóloga Mary Catherine

Bateson. Estas historias advierten de las paradojas y los dilemas del egoísmo desenfrenado.

Bateson ha descubierto que estas historias son universales. Cita el ejemplo clásico del rey Midas, que quería que todo lo que tocase se convirtiese en oro... y lo consiguió. Cual alquimista omnipotente, fue convirtiendo todas las cosas que amaba en aquella cosa muerta y reluciente. Nadie estaba a salvo de él, incluyendo a los que amaba. Como resultado, la vida del hombre se convirtió en una tragedia. Bateson también menciona un cuento acerca de una pareja que deseaba doscientos dólares y los recibió como compensación de la muerte accidental de su hijo. Más adelante desearon que volviera a la vida, solo para descubrir que estaba tan deformado que corriendo desearon que volviera de nuevo a morirse. Luego estaba el hombre que deseó un pene tan largo que tocase el suelo... y de repente se encontró sin piernas.

El hecho de que estos cuentos del hada buena sean universales sugiere que sirven para algún propósito valioso. Se ha sugerido que juegan un papel en el crecimiento de los niños. Los niños a menudo piden las cosas más escandalosas. Algunas veces sus deseos son destructivos, como cuando desean la muerte de sus padres o hermanos. Tal vez los cuentos del hada buena evolucionaron para enseñar los peligros ocultos de pedir deseos sin sabiduría.

Las advertencias del hada buena también se aplican a los que oran con avaricia. Recuerdo ver una tira cómica en el periódico *Out of Time* en el que un hombre está orando: «Destruye a mis enemigos, Oh Dios». La siguiente: «Dios, concédeme una petición: destruye a mi mayor enemigo». La siguiente: un rayo cae del cielo... «¡ZAS!»... y lo incinera. La siguiente: la voz del hombre se levanta de sus cenizas: «Deja que lo exprese de otro modo».

Este escenario está enraizado en la mitología griega. Cuando Sémele, la madre de Dioniso, le pidió a su amante Zeus que se mostrase en todo su esplendor, él la complació, destruyéndola con sus rayos. Como dijo Orson Welles: «Cuando los dioses quieren castigarnos, contestan nuestras oraciones». O como dijo la escritora Susan Ertz: «Millones oran por la inmortalidad y no saben qué hacer una tarde de domingo lluviosa». La lección parece ser: «Ten cuidado con lo que pides; puedes conseguirlo».

Conozco a un hombre que elaboró una clase de oración que yo nunca antes había escuchado descrita. La llamó «oración introductoria» porque prologaba todas sus oraciones con ella. Era una simple petición en la que pedía sabiduría para saber cómo orar. Entonces un día se le ocurrió que eso no estaba del todo bien, y que necesitaba una introducción para su oración introductoria. Así que oró por sabiduría para saber cómo orar por la sabiduría de saber cómo orar. La primera vez que lo hizo se echó a reír, porque veía que estaba atrapado en una regresión infinita: las introducciones podían continuar eternamente y nunca llegaría al meollo de la oración. De repente todo su empeño pareció superfluo. Se deshizo de *todas* las palabras —las de la introducción tanto como las de la oración que seguía— a favor de una oración de silencio, que descubrió que era la más satisfactoria de todas.

CUIDADO CON
LA ORACIÓN NEGATIVA

La mayor parte de culturas, excepto la nuestra, han creído que los individuos pueden herir a otros con sus lenguas incluso en la distancia, aun cuando el «recipiente» no es consciente del intento.

Muchos aseguran que «Dios es amor» y que la oración en principio nunca debe usarse para herir a otra criatura. Esto puede reflejar el intento de «mantener las faldas de Dios limpias», como expuso el filósofo Alan Watts. Pero, de hecho, la Biblia está llena de maleficios y maldiciones; las faldas de Dios puede que no estén tan limpias como pensamos. El profeta Elías, por ejemplo, causó que cuarenta y dos niños fueran comidos por osos por reírse de su calvicie (2 Reyes 2.23-24); el apóstol Pablo golpeó a una pitonisa ciega (Hechos 13.11); e incluso Jesús maldijo a una higuera aparentemente inocente por no llevar fruto (Mateo 21.19; Marcos 11.13-14; 20-22). ¿Esto son maldiciones y no «oraciones negativas»? Puede ser, pero a los niños devorados por osos, a la pitonisa ciega y a la higuera probablemente no les resultaba una gran diferencia que fuera una maldición, un maleficio o una oración negativa.

Algunas culturas han hecho pocas distinciones entre las maldiciones y las oraciones negativas. Un ejemplo está en Polinesia, que era el hogar de una costumbre llamada «la oración de la muerte». Este ritual se extendió hasta las islas hawaianas y ha sido estudiado en detalle. Los chamanes Kahuna lo usaban solo para tratar con individuos que estaban causando un inmenso desorden social y que no respondían a ninguna otra medida. Los chamanes se reunían en una isla y oraban por la muerte de la persona en una isla distante, sin su conocimiento. ¿Una maldición no local y distante o una oración negativa? Tú decides. En cualquier caso esta no es la clase de maleficio asociado con la tradición del vudú, en donde el individuo maldito generalmente es informado de la maldición y por lo tanto coopera con la nefasta predicción. En la oración de la muerte la víctima *no lo sabe*. Esto significa que la muerte no se puede atribuir a la sugestión, la expectativa o al efecto del placebo negativo («nocebo»).

Casi todas las culturas han dado por hecho que hay un lado sombrío y negativo en la oración, y han desarrollado una variedad de métodos para protegerse de esos sucesos. Rituales elaborados, oraciones de respuesta, imágenes, amuletos y varios comportamientos y creencias para anular los efectos nocivos y proporcionar inmunidad. Incluso la oración de Jesús dice: «Líbranos del mal», que suena sospechosamente como una oración de protección.

Muchas personas parecen convencidas de que la oración «real» no puede dañar. Si observan efectos negativos después de una oración, insisten en que realmente no fue «culpa» de la oración. Si la oración ha sido genuina, los efectos no habrían sido negativos. Lo que haga falta para mantener limpias las faldas de Dios. Pero tal vez no deberíamos rechazar las posibilidades negativas demasiado deprisa. Si esos efectos son reales y escondemos la mirada, nos estaremos haciendo excesivamente vulnerables.

De vez en cuando la gente cree que han causado el daño que le ha sobrevenido a otra gente como resultado de sus oraciones, aunque esas personas y sus oraciones hubieran sido amables y compasivas. Un hombre escribió que había orado «Hágase tu voluntad» por su mujer enferma, que sufría un avanzado tumor cerebral. Ella murió. Seguro de que sus oraciones jugaron un papel en su muerte, se sentía sobrepasado por la culpabilidad. Como resultado de los consejos de su ministro, fue capaz de escapar de esta creencia y ver que su muerte fue un resultado compasivo a una situación terrible.

¿Puede herir la oración? Algunos tipos religiosos aparentemente piensan que sí. Cuando los investigadores de Spindrift estaban llevando a cabo experimentos de laboratorio sobre los efectos de la oración, parroquianos que se oponían a esos estudios estuvieron orando por su fracaso. Sentían que los experimentos eran blasfemos y usaban la oración para sabotearlos.

Piensa en la historia real de esta mujer:

A principios de los setenta estaba muy involucrada en mi desarrollo personal, practicaba meditación y yoga y leía mucho sobre temas metafísicos y de las religiones del mundo. En aquel tiempo un familiar, una tía política, vino de visita unos días. En la visita parecía que compartíamos algunos intereses e ideas comunes acerca de la fe, la sanación, la oración y la meditación.

Varias semanas después, tras regresar ella a su casa en la costa este, recibí una carta corrosiva de su parte. Condenaba los libros que había visto en mis estanterías, diciendo que debía quemar todos los libros sobre yoga, religiones orientales y occidentales que no fueran el cristianismo tradicional, todos los libros de naturaleza metafísica. Los llamó «satánicos» y «del demonio», diciendo que debían destruirse para que no llegaran a otras manos que pudieran leerlos. Esta fue la primera indicación de nuestras diferentes perspectivas básicas sobre los temas de los que habíamos hablado. En vez de destruir los libros, destruí la carta.

Pasaron unos pocos días y no pensé más en el tema. Entonces comencé a tener extraños «dolores de cabeza» cada mañana justo a las nueve. Durante unos minutos sentía como si mi cerebro fuera una masa de espaguetis cocidos en un plato. No podía pensar bien. La sensación y la imagen pasaban pronto y me encontraba bien hasta el día siguiente. Buscando ayuda para entender lo que esto podía indicar, fui a un amigo que era psiquiatra.

Él había trabajado conmigo en algo de psicoterapia intensiva seguida de clases sobre meditación y sanación. Después de hacerme preguntas durante un rato, sugirió que la próxima vez que empezara a sentirme así me imaginara un cable telegráfico que salía de mí para ver dónde iba. Después, que imaginase que ese cable estaba lleno de amor, que rebosaba amor universal para cualquiera que estuviera al final de él.

Seguí sus instrucciones y, para mi sorpresa, el cable fue inmediatamente hasta la comunidad de la costa este donde vivía mi familiar. ¡Eso fue una auténtica sorpresa! Mientras llenaba de amor universal ese cable, el sentimiento de la masa temblorosa de espagueti que había comenzado a desarrollar se disipó. Después de hacer lo de la imagen dos o tres días, el problema se marchó completamente y nunca regresó.

Después de la llegada de la carta de este familiar, descubrí que ella se había visto muy involucrada en [un movimiento religioso particular] que estaba comenzando a obtener la atención nacional. Me dijo que todos los días a mediodía pasaba unos minutos en oración. Su mediodía en la costa este eran las nueve de la mañana en mi tiempo de la costa oeste.

Esta fue una importante lección para mí sobre el poder de la oración. Si sus pensamientos a cinco mil kilómetros podían afectarme de ese modo, ¿qué otros grandes poderes podrían tener los pensamientos y las palabras? La distancia no era importante. Obtuve un respeto aun mayor por el poder de la oración. Me volví más cuidadosa con el contenido de mis oraciones… y pensamientos.

No solo aprendí esto para mí, sino que con los años he tenido la oportunidad de llevar talleres y retiros sobre oración y meditación. En ellos he traspasado a otros la importancia de un saludable respeto por el poder de la oración. Hablamos de palabras, imágenes y de varias frases que podemos incluir en la oración: «Si es tu voluntad...», «Según el mayor bien para todos...», y otras frases.

Este relato ilustra algunas cuestiones interesantes:

- Los pensamientos negativos y dañinos no solo pueden venir de individuos malintencionados y malvados, sino también de gente devota religiosamente, como era la amiga de esta mujer. Cualquiera que sea intolerante y estrecho de mente puede ser una fuente de daño para los demás. Esto no significa que esa persona esté orando *conscientemente* por el daño del otro. Probablemente más bien sea que los pensamientos negativos se originen en la mente *inconsciente* y que esos individuos no tengan idea de que estén albergando actitudes dañinas hacia los demás.
- La mujer cuya mente era «sacudida» no adoptó simplemente una postura defensiva ni recurrió a oraciones o rituales de protección; respondió con amor. Intentó compasivamente ayudar a la amiga distante que sentía negatividad hacia ella. Aunque no conocemos el efecto de esta estrategia en la otra persona, sabemos que sus síntomas se resolvieron y que se sintió protegida.

Es llamativo cuánta negatividad podemos dar en nombre de la oración. Cuando oramos para que nuestro equipo gane la Superbowl estamos orando por la derrota de otro grupo de atletas y por la amarga decepción de sus seguidores. Cuando oramos para que nuestro ejército salga victorioso, estamos pidiendo indirectamente por el sufrimiento y la muerte de nuestros enemigos. Eso no significa que debamos retirarnos a la pasividad y la parálisis, sino que debemos ser conscientes de las consecuencias de lo que pedimos. Hoy la mayoría cree que la oración da como resultado algo positivo, o que es neutral y no hace nada en absoluto. Casi nunca consideramos la posibilidad de que la oración pueda ser perjudicial. Centrados en nuestras creencias de que la oración es o buena o neutral, encontramos conveniente ignorar la oración. La oración se ha convertido en un lujo, algo que podemos sacar de nuestro arsenal si las cosas se ponen difíciles. Si tomamos en serio el lado negativo de la oración, no seremos tan optimistas, y respetaremos el poder de la oración mucho más de lo que hacemos ahora. Saber que la oración puede dañarnos nos pondría los pies en la tierra. La oración se convertiría en algo real en cada momento vital, no un adorno opcional que pueda ser ignorado convenientemente.

LA ORACIÓN NOS AYUDA A SER COMBATIVOS, NO MIEDOSOS

Después de una batalla naval entre Atenas y Esparta durante la Guerra del Peloponeso, muchos barcos se hundieron y cientos de marineros quedaron flotando en el mar. Un hombre estaba orando a viva voz a la diosa Atenea para que le salvase, pero se estaba ahogando claramente. Un compañero de tripulación, agarrado a unos restos del naufragio cercanos, vio su grave situación y gritó: «Ora a Atenea, ¡pero mueve los brazos al mismo tiempo!».

Todos podemos reconocer la tendencia de la práctica espiritual, incluyendo a la oración, de virar hacia la inactividad. De ahí el proverbio alemán: «Dios da nueces, pero él no las abre», y la cautela de San Juan Crisóstomo, arzobispo de Constantinopla en el siglo IV e. c.: «Alimentar al hambriento es un trabajo mayor que levantar al muerto».

La oración *puede* ser usada como sustituto de la acción, y a lo largo de la historia aquellos que han orado a menudo se han ganado la reputación de ser pasivos y de evitar los problemas reales del mundo. Monasterios y conventos son constantes en cada religión, y siempre ha habido individuos que se han apartado en soledad y oración con la intención de dejar atrás la miseria y el desorden del mundo.

El médico y teólogo británico John Polkinghorne, presidente del Queen's College de Cambridge, no ve conflicto entre la oración y la acción. «La oración no es un sustituto de la acción, sino un espolón —observa—. Si mi anciano vecino repite pesadamente las historias de su juventud, no me absuelvo de la responsabilidad de escuchar pacientemente solo por orar por él». En la misma línea, C. S. Lewis una vez señaló: «A menudo oro por los demás cuando debería estar haciendo cosas por ellos. Es mucho más fácil orar por un pesado que ir y verlo».

La oración a menudo clarifica nuestra visión de lo que se necesita hacer. Pero no deberíamos esperar salir de la oración llevando un halo celestial, cargados para la batalla, como Juana de Arco después de sus revelaciones. La interacción entre la oración y la acción normalmente es más sutil. A menudo la comprensión de las propias tareas se despliega gradualmente de la sensación de reverencia, sacralidad y devoción que comienza a permear nuestra vida como un todo, no de un momento muy cargado durante una oración específica.

El psicólogo Ira Progoff relata un suceso en la vida de Abraham Lincoln que revela estas sutiles aunque profundas conexiones. Lincoln tenía una rica vida de oración y es considerado como uno de nuestros presidentes más espirituales. En sus primeros años tuvo indicaciones que tenía por delante un trabajo significativo pero debía refinar su intelecto y adquirir habilidades profesionales si iba a completar ese destino. En su entorno fronterizo, sin embargo, había pocas herramientas u oportunidades disponibles para el desarrollo personal, y Lincoln temía que nunca se cumplieran sus esperanzas.

Un día un extraño llegó con un barril lleno de cachivaches y periódicos viejos, y le ofreció a Lincoln vendérselo por un dólar. Al darse cuenta de que el hombre lo necesitaba, Lincoln, con su amabilidad característica, le dio el dólar, aunque no tenía ni idea de cómo podría ser de algún uso el contenido del barril. Cuando más tarde lo vació, se encontró entre los trastos una edición casi completa de los *Comentarios* de Blackstone. Estos libros ayudaron a Lincoln a convertirse en abogado y finalmente a entrar en política.

La reverencia y la amabilidad que Lincoln sentía por los demás, que a menudo era el fruto de la oración, creó una apertura para un suceso que cambió su vida y que de otro modo no habría ocurrido. Lincoln no fue sacudido durante la oración por una revelación repentina sobre el trabajo de su vida. Ingredientes humildes —un barril de trastos, un extraño que se cruza en su camino, un dólar y la compasión innata de Lincoln— combinados de forma poco espectacular ayudaron a dar forma al destino de una nación y afectaron millones de vidas.

«No es bueno andar pescando momentos ricos», dijo también C. S. Lewis, en pleno reconocimiento de experiencias como la de Lincoln:

> Dios a veces parece hablarnos con más intimidad cuando nos pilla, como si dijéramos, desprevenidos. Nuestras preparaciones para recibirlo a menudo tienen el efecto contrario... «El altar debe construirse a menudo en un lugar para que el fuego descienda del cielo *en otro lugar*».

Nuestra preferencia por los deslumbrantes «momentos ricos» es una razón por la que dejamos de hacer lo que se tiene que hacer en nuestro mundo atribulado. Parecemos ser cada vez más adictos a las manifestaciones espectaculares de la vida espiritual: las visiones enérgicas, las experiencias paranormales, las revelaciones demoledoras, los milagros y esas cosas. Esperando que ocurran, nos volvemos insensibles al factor central de la vida: *todo* es un milagro, hasta los detalles más ordinarios.

En 1987 experimentamos una «Convergencia Armónica», una fecha prefigurada en una profecía arcana que algunos visionarios creían que sería un suceso importante en la evolución de la raza humana. Yo ni entendía ni me importaba demasiado si este suceso estaba basado en la superstición o en un hecho, pero estaba fascinado por el gran número de personas que se vieron llenas de energía psicológicamente según se acercaba la convergencia. Para captar el espíritu decidí participar en la mañana designada para un encuentro a la salida del sol en un extenso campo cubierto de hierba a las afueras de Dallas, donde vivía por aquel entonces. Llegué con cientos de celebrantes en la oscuridad de antes del amanecer. Tanteando formamos un círculo y nos tomamos de las manos. Alguien comenzó a cantar una canción del movimiento *hippie*, todos nos unimos, y la vieja magia de los sesenta regresó a la vida. Un sol rosado fue ascendiendo poco a poco y todas las sombras desaparecieron, y permanecimos en silencio durante mucho rato. El gozo y la gratitud eran palpables, y la gente sollozaba. Al final el grupo se dispersó en silencio y mi corazón estaba lleno.

De vuelta al coche pasé junto a un joven de veintitantos años sentado abatido en el capó de su coche, mirando al espacio. Parecía desconsolado y a punto de llorar. «¿Estás bien?», le pregunté. Él no contestó enseguida. Finalmente dijo: «No ha pasado nada. Ni una maldita cosa. ¡Nada, nada, nada!».

No pasó nada excepto milagros: estábamos rodeados por el Sol, la Tierra, la Vida, la Conciencia, el Amor. ¿Qué más se podía pedir?

Utopía viene de una palabra griega que significa «sin lugar». Si la utopía no está en «un» lugar, entonces está en todos. Y si está en todos, entonces también está en todos los tiempos. La utopía, comprendemos, está *aquí* y *ahora*. Bienvenido, joven del capó, a la utopía.

La oración puede revelarnos que esperar una llamada milagrosa a la acción es innecesario. La llamada a la actividad nunca será más milagrosa que el aquí y el ahora. Ya estamos inundados de lo milagroso; no hay momentos ricos a los que tengamos que esperar. Es tiempo de bajar del capó, entrar en el mundo y trabajar.

Los grandes héroes y heroínas de la historia y la leyenda no esperaron hasta estar perfectos psicológicamente o hasta que sus oraciones fueron contestadas para entrar en acción. No hay evidencias de que Arturo, Gawain, Beowulf, Odiseo —o San Francisco, San Juan de la Cruz, Hildegarda, Santa Teresa, Juliana de Norwich y Florence Nightingale—

estuvieran completamente sanos psicológicamente. De hecho, hay muchas pruebas de que no es así. Además, muchos de ellos también tuvieron terribles aflicciones físicas.

No puedo recordar la última vez que escuché mencionar *agallas, coraje* y *heroísmo* en un sermón o un seminario de fin de semana. ¿Podemos pasar de ser miedosos a combativos? La tarea es peligrosa, pero siempre lo ha sido. Como dijo un amigo, «La vida espiritual no es para débiles». Muchos de los que den un paso al frente no sobrevivirán. Los héroes mueren. Pero debemos comprometernos con los problemas que enfrentamos, incluyendo los nuestros, y no analizarlos u orar por ellos hasta la muerte.

¿Oración *o* acción? La pregunta se desvanece. Debemos orar y mover nuestros brazos al mismo tiempo.

EPÍLOGO

En una reunión de oración en un barco con destino a Londres en 1931, en el que viajaba para abogar por la causa de la independencia de la India, Mahatma Gandhi dijo:

[La oración] ha salvado mi vida… He tenido mi parte en las experiencias públicas y privadas más amargas. Me sumieron en una desesperación temporal. Si fui capaz de salir de esa desesperación fue a causa de la oración… Llegó por pura necesidad mientras me encontraba a mí mismo en una situación donde no era capaz de ser feliz sin ella. Y al pasar el tiempo mi fe en Dios creció y se volvió más irresistible el deseo de orar. La vida parecía aburrida y vacía sin ella… A pesar de que la desesperación me ha mirado a la cara en el horizonte político, nunca he perdido mi paz… Esa paz viene de la oración… Soy indiferente en cuanto a la forma. Todo el mundo marca su propia pauta a este respecto… Dejemos que todos intenten y descubran que como resultado de la oración diaria añaden algo nuevo a su vida.

Aunque nosotros, como Gandhi, lleguemos a la oración no como elección sino por necesidad, a menudo descubrimos, con el tiempo, que a penas podemos seguir sin ella. La oración nos alimenta tantísimo que parece necesaria para nuestra misma existencia. Pero en nuestro entusiasmo por la oración no nos olvidemos del firme apoyo de Mahatma a la tolerancia, algo necesario porque en cierto sentido «Todo el mundo marca su propia pauta».

Además de tolerancia, la *simplicidad* también es un sello de la práctica espiritual auténtica. El Dalai Lama ha dicho: «Mi religión es muy simple. Mi religión es la bondad».

Así que, con el espíritu de tolerancia y simplicidad, termino este libro esperando que el lector deje a un lado todos los comentarios precedentes y se embarque en su viaje individual de oración. Aunque puede ser un viaje solitario, no tiene por qué estar aislado. ¿Por qué debería?... si tú oras por mí, y yo por ti...

APÉNDICE

ENTRAR EN UNA LISTA DE ORACIÓN

Si deseas las oraciones de los demás, considera apuntar tu nombre en una lista de oración. Aquí tienes cómo.

INTERNET

Si la idea del ciberespacio no te resulta demasiado impersonal, comprueba los servicios comerciales informáticos tales como Internet, America Online, Genie y CompuServe. Todos tienen secciones religiosas activas; pregunta si tienen servicios de oración activos.

SBCnet (la red de la Convención Bautista del Sur de Estados Unidos) y PresbyNet (dirigida por los presbiterianos) tienen varios miles de suscriptores y están creciendo rápidamente. Casi seguro que ofrecen listas de oración electrónicas.

PERIÓDICOS NACIONALES

The New York Times, un periódico nacional, ofrece un ministerio de oración para aquellos que deseen usarlo. Si quieres que su comunidad de lectores ore por ti, simplemente envía tus iniciales (no tu nombre ni la razón por la que deseas oración; el servicio es anónimo). Las iniciales se publican durante un mes; si quieres que se ore por ti durante más tiempo,

—m—

envía tus iniciales de nuevo. El servicio es gratuito, aunque se aceptan donaciones para cubrir los gastos. La dirección:

The New Times
P.O. Box 51186
Seattle, WA 98115-1186

SERVICIOS DE ORACIÓN ECUMÉNICOS

Si la oración electrónica y las comunidades periodísticas no te resultan atractivas, puede que prefieras contactar con uno de los siguientes servicios de oración ecuménicos.

Esta lista fue recopilada por Vivian Berg de Marina del Rey, California. Gran parte de los grupos enumerados están en California, presumiblemente no porque los californianos necesiten más oración que el resto de nosotros, sino porque la señora Berg es californiana y sabe más de las actividades de oración en su propia área que en otro sitio. La señora Berg está interesada en expandir la lista para incluir a todos los grupos de oración ecuménicos de Estados Unidos. Hasta donde yo sé, no existe actualmente una lista tan completa. Por favor, envía cualquier información acerca de los grupos de oración que tengas a la siguiente dirección:

Vivian Berg
14021 Marquesas Way, #307c
Marina del Rey, CA 90292

California
Discalced Carmelites
Carmel of St. Teresa
215 E. Alhambra Road
Alhambra, CA 91801
818-282-2387

Insight for Living
P.O. Box 69000
Anaheim, CA 92817
800-772-8888 (número principal)
714-575-5000 (número de consejería)

The Free Catholic Church
P.O. Box 1439
La Jolla, CA 92038
619-459-4275
619-459-4277 (fax)

New Thought Center of Los Angeles
1122 S. La Cienega Blvd., Suite 111
Los Angeles, CA 90035
310-652-2080
310-652-2946 (fax)

—∞—

Islamic Center of Southern California
934 South Vermont Avenue
Los Angeles, CA 90020
213-382-9200

Johrei Fellowship
3068 San Marino Street
Los Angeles, CA 90020
213-387-8366

Johrei Fellowship
National Headquarters
1971 West 190th Street, Suite 280
Torrence, CA
310-523-3840
310-523-3843

Self-Realization Fellowship
3883 San Rafael Avenue
Los Angeles, CA 90065
213-225-2471

Dominican Nuns of the Order of Preachers
The Monastery of the Angels
1977 Carmen Avenue
Los Angeles, CA 90068
213-466-2186

Ananda
14618 Tyler Foote Road
Nevada City, CA 95959
916-292-3506 (grupo de oración)
916-292-4100 (número principal)

Unity Church, Worldwide
P.O. Box 1709
Palm Desert, CA 92261-9989

Calvary Chapel
Prayer Request Secretary (para peticiones escritas)
3800 Fairview Road
Santa Ana, CA 92704
714-979-4422 (solo de noche de 10 p.m. a 8 a.m.)

Jewish Healing Center
141 Alton Avenue
San Francisco, CA 94116
415-387-4999

Franciscan Poor Clare Nuns
215 E. Los Olivos Street
Santa Barbara, CA 93105
805-682-7670

Aiko Hormann Ministries
P.O. Box 926
Santa Monica, CA 90406
818-909-0959

Carmel of St. Joseph
P.O. Box 379
Solvang, CA 93464
805-686-4292

First Lutheran Church of Venice
815 Venice Blvd.
Venice, CA 90291
310-397-1230

Carolina del Norte

The Ecumenical Institute of Wake Forest University
and Belmont Abbey College
100 Belmont-Mount Holly Road
Belmont, NC 20802-2795
704-825-6700

Hickory Grove United Methodist Church
6401 Hickory Grove Road
Charlotte, NC 28215
704-537-4686

Church of Concord
P.O. Box 103
Concord, NC 28025
800-315-7729

International Prayer Fellowship
P. O. Box 1236
Lake Junaluska, NC 28745
704-456-4454

Carolina del Sur

Cathedral of Love Church
5525 Highway 187
Anderson, SC 29625

Florida

Christian Healing Ministries, Inc.
438 West 67th Street
Jacksonville, FL 32208
904-765-3332

Coral Ridge Baptist Church
P.O. Box 16502
Jacksonville, FL 32246
904-642-2726

Illinois

National Spiritual Assembly of the Baha'i Faith
of the United States
536 Sheridan Road
Wilmette, IL 60091

Kansas

Unity Church of Overland Park
977 Antioch
Overland Park, KS 66212
913-649-3214

Maryland

New Life Clinic
Mt. Washington United Methodist Church
5800 Cottonworth Avenue
Baltimore, MD
410-561-0428

Fourth Presbyterian Church
5500 River Road
Bethesda, MD 20892
301-320-3672

Life in Jesus Community
P.O. Box 40
Libertytown, MD 21762
301-829-1577

Massachusetts
St. Joseph's Abbey
N. Spencer Road
Spencer, MA 01562
508-885-4760

Minnesota
Billy Graham Evangelistic Association
P.O. Box 779
Minneapolis, MN 55440-0779
612-338-0500

Misuri
Silent Unity
Unity Village, MO 64065-0001
800-669-7729 (llamada gratuita)
816-251-3544 (hablantes hispanos)
816-246-5400
816-524-3550 (número general, Unity Village)

Nueva York

Guideposts Magazine
39 Seminary Hill Road
Carmel, NY 10512
800-204-3772

House of Peace
1291 Allerton Avenue
Bronx, NY 10469
718-547-3230

National Center for Jewish Healing
9 East 69th Street
New York, NY 10021
212-772-6601

Virginia

Shepherd's Heart
10875 Main Street
Suite 102
Fairfax, VA 22032
703-385-4833

Association for Research and Enlightenment, Inc.
67th Street and Atlantic Avenue
P.O. Box 595

Virginia Beach, VA 23451
804-428-3588

Christian Broadcasting Network Center/700 Club
977 Centerville Turnpike
Virginia Beach, VA 23463
804-420-0700

General

Prayer Chain (of the Lutheran Church)
213-397-1230 (número principal)

_____

Science of Mind World Ministry of Prayer
213-385-0209
800-421-9600 (llamada gratuita)

La mayoría de las grandes congregaciones protestantes y católicas tienen ministerios de oración. Casi todas las sinagogas conservadoras u ortodoxas orarán por todos los que lo pidan los lunes, jueves y sábados. Las listas de oración de laicos también son comunes. Para encontrarlas, mantén los oídos abiertos; pregunta a amigos. Si se da la improbable circunstancia de que no puedes localizar un grupo de oración, comienza uno.

También puedes unirte a un grupo de oración como intercesor: uno que ora por los demás. Esta es una forma única de voluntariado. La gente que sirve con esta capacidad a menudo descubre que sus vidas se vuelven más felices y completas, evidencia de que la oración es buena no solo para el recipiente sino también para el que ora.

NOTAS

NOTA DEL AUTOR

xvi «Del mismo Dios en el que no puede pensar ningún hombre», *The Cloud of Unknowing*, trad. Clifton Wolters (Baltimore: Penguin Books, 1961), p. 59. [*La nube del no saber* (Buenos Aires: Bonum, 2009)].

xvi «Quien sea que perciba algo en Dios...», *Meister Eckhart*, trad. Edmund Colledge y Bernard McGinn (Nueva York: Paulist Press, 1981), pp. 204-205.

xvi «Está en la naturaleza de Dios estar sin naturaleza», *Meister Eckhart*, trad. Raymond B. Blakney (Nueva York: Harper & Row, 1941), p. 243.

INTRODUCCIÓN

1-2 Para la discusión en el *Wall Street Journal* sobre estudios científicos de la oración, ver Joseph Pereira, "The Healing Power of Prayer Is Tested by Science", *Wall Street Journal*, 20 diciembre 1995.

2 «Las encuestas recientes muestran que un setenta y cinco por ciento de los pacientes creen...», ver David B. Larson y Mary A. Greenwold Milano, «Are Religion and Spirituality Relevant in Health Care?», *Mind/Body Medicine* 1, núm. 3 (1995): pp. 147-157.

2 «... la mayoría de nosotros realmente oramos por nuestros pacientes», ver J. Martin y C. Carlson, "Spiritual Dimensions of Health Psychology", en *Behavioral Therapy*

and Religion, ed. W. R. Miller y J. Martin (Beverly Hills: Sage Publications, 1988), pp. 57-110.

2 «Estadísticamente, Dios es bueno para ti», David B. Larson, citado por John Boudreau, «Scientists Examine the Healing Powers of Prayer», *Contra Costa [California] Times*, 21 enero 1996.

3 «... un trabajo científico en el que se probaba la oración en un hospital moderno en un gran grupo de pacientes cardiacos», el trabajo era Randolph C. Byrd, «Positive Therapeutic Effects of Intercessory Prayer in a Coronary Care Unit Population», *Southern Medical Journal* 81, núm. 7 (julio 1988): pp. 826-829.

5 «Los pensamientos relacionados con la oración, ofrecidos desde la distancia, han demostrado incrementar las tasas de sanación de las heridas quirúrgicas...», ver la investigación de Daniel P. Wirth, "The Effect of Noncontact Therapeutic Touch on the Healing Rate of Full Thickness Dermal Wounds", *Subtle Energies* 1, núm. 1 (1990): pp. 1-20; y Daniel P. Wirth, «Full Thickness Dermal Wounds Treated with Non-contact Therapeutic Touch: A Replication and Extension», *Complementary Therapies in Medicine* 1 (1993): pp. 127-132.

5 «... la fe religiosa está asociada con una recuperación más rápida de la cirugía», ver la investigación de P. Pressman, J. S. Lyons, D. B. Larson, y J. S. Strain, «Religious Belief, Depression, and Ambulation Status in Elderly Women with Broken Hips», *American Journal of Psychiatry* 147 (1990): pp. 758-760; y T. E. Oxman, D.

H. Freeman, y E. D. Manheimer, «Lack of Social Participation or Religious Strength or Comfort as Risk Factors for Death after Cardiac Surgery in the Elderly», *Psychosomatic Medicine* 57 (1995): pp. 5-15.

PARTE UNO: LA EVIDENCIA

9 «... las pruebas sugieren que la oración, como los medicamentos, puede tener efectos positivos, neutros o negativos», ver Larry Dossey, «When Prayer Hurts», *Healing Words: The Power of Prayer and the Practice of Medicine* (San Francisco: HarperSanFrancisco, 1993), pp. 145-158 [Palabras que curan (México, D.F.: Edivision, 1997)].

15-17 «No estamos poniendo una trampa para cazar a Dios...», Deborah Rose, «Cartas al editor», *Home Catacomb* 8, núm. 8 (septiembre 1994), pp. 3-4. Los siguientes comentarios de Rose también se refieren a esta fuente.

19 «Necesitamos un sistema religioso con la ciencia en su mismo centro...», Margaret Mead, citada en «Five Who Care», *Look*, 21 abril 1970.

20 «*Examinador:* ¿Qué es la electricidad?...», John D. Barrow, *The World Within the World* (Nueva York: Oxford Univ. Press, 1988), p. 193.

21 «No debemos esperar que las ciencias naturales nos den una perspectiva directa...», Erwin Schrödinger, «The Spirit of Science», en *Spirit and Nature*, trabajos de *Eranos*

Yearbooks, ed. Joseph Campbell, Bollingen Series 30-31 (Princeton: Princeton Univ. Press, 1954), pp. 324-325.

21 «Nunca podrá haber ninguna oposición real entre la religión y la ciencia...», Max Planck, *Where Is Science Going?* (1933; reimpresión, Woodbridge, CT: Ox Bow Press, 1981), pp. 168-169.

22 «La lista de grandes físicos que tenían perspectivas similares es muy larga...», para la recopilación de estas perspectivas, ver Ken Wilber, *Cuestiones cuánticas. Escritos místicos de los físicos más famosos del mundo* (Barcelona: Kairós, 2013).

24 «... la oración distante o intercesora ha tenido éxito *sin el conocimiento* del recipiente», ver Larry Dossey, «Prayer and Healing: Reviewing the Research», *Healing Words: The Power of Prayer and the Practice of Medicine* (San Francisco: HarperSanFrancisco, 1993), pp. 169-196. Ver también Daniel J. Benor, *Healing Research* (Múnich: Helix Verlag, 1993). Dirección: Windeckstrasse 82, D-81375 Munich, Germany.

27 «En un estudio realizado por el cardiólogo Randolph Byrd que implicó a 393 pacientes de la unidad de cuidados coronarios del Hospital General de San Francisco...», ver Randolph C. Byrd, «Positive Therapeutic Effects of Intercessory Prayer in a Coronary Care Unit Population», *Southern Medical Journal* 81, núm. 7 (julio 1988): pp. 826-829.

27 «Otros estudios han comparado la capacidad de la gente para influir en las tasas de crecimiento de organismos

en un radio cercano...», ver la investigación de J. Barry, «General and Comparative Study of the Psychokinetic Effect on a Fungus Culture», *Journal of Parapsychology* 32 (1968): pp. 237-243; y W. Tedder y M. Monty, «Exploration of Long-distance PK: A Conceptual Replication of the Influence on a Biological System», *Research in Parapsychology* 1980 (1981): pp. 90-93.

30 «El físico ganador de un Nobel Brian Josephson del Laboratorio Cavendish de la Universidad de Cambridge sugiere que estos fenómenos cuánticos *no locales* pueden estar detrás de muchos sucesos *humanos*...», ver B. D. Josephson y F. Pallikara-Viras, «Biological Utilization of Quantum Nonlocality», *Foundations of Physics* 21 (1993): pp. 197-207.

PARTE DOS: LA CONTROVERSIA

35 «Cada año casi dos millones de individuos que entran en los hospitales de este país adquieren infecciones...», para ver la discusión sobre enfermedades iatrogénicas ver Jeffrey A. Fisher, *The Plague Makers* (Nueva York: Simon & Schuster, 1994), p. 31.

36 «El *Physicians' Desk Reference*... es la guía médica para la prescripción de medicamentos...», *Physicians' Desk Reference,* 49 ed. (Montvale, NJ: Medical Economics Data Production Company, 1995).

36 «Las encuestas han demostrado repetidamente que la gente que opta por terapias alternativas generalmente tiene

mayores niveles de educación...», ver David J. Hufford, «Cultural and Social Perspectives on Alternative Medicine: Background and Assumptions», *Alternative Therapies* 1, núm. 1 (1995): pp. 53-61; B. R. Cassileth, E. J. Lusk, T. B. Strouse, F. J. Bodenheimer, «Contemporary Unorthodox Treatments in Cancer Medicine: A Study of Patients, Treatments, and Practitioners», *Annals of Internal Medicine* 10 (1984): pp. 105-112.

45 «Más de 130 estudios de laboratorio controlados muestran... que la oración ... puede conllevar cambios saludables...», ver Larry Dossey, «Prayer and Healing: Reviewing the Research», *Healing Words: The Power of Prayer and the Practice of Medicine* (San Francisco: HarperSanFrancisco, 1993), pp. 169-196. Ver también Daniel J. Benor, *Healing Research* 1-2 (Múnich: Helix Verlag, 1993). Dirección: Windeckstrasse 82, D-81375 Munich, Germany.

45 «... aquellos que obtenían al menos algo de fuerza y consuelo —¡esperanza!— de la religión tenían más posibilidades de vivir...», para ver el papel de la esperanza en la sanación, ver «Faith Heals», *Mental Medicine Update* 4, núm. 2 (1995): p. 1.

46 «Numerosos estudios en humanos muestran que podemos morir como resultado de creencias nefastas...», para una discusión sobre la muerte como resultado de la desesperanza, ver Larry Dossey, *Meaning & Medicine* (Nueva York: Bantam, 1993).

50 «Complicar esta área es la considerable evidencia de que la oración puede dañar igual que sanar», ver Larry Dossey,

«When Prayer Hurts», en *Healing Words* (San Francisco: HarperSanFranciso, 199), pp. 145-158.

51 «El doctor Anthony Rippo, internista y fundador del Instituto Santa Fe de Medicina y Oración...», se puede contactar con el Instituto Santa Fe de Medicina y Oración en 906 Canyon Road, Santa Fe, NM 87501.

52 «Hace algunos años Stephen, un amigo de mi marido, se vio implicado en un accidente de tráfico casi mortal...», comunicación personal con el autor, 20 junio 1995. Usado con permiso.

57 «Si supiera que mi médico está orando por mí, conseguiría otro doctor», Annie L. Gaylor, citada por Steve Brewer, «UNM [Universidad de Nuevo México] Study on Prayer Raises Ire», *Albuquerque Journal*, 3 mayo 1995.

59 «En mayo de 1995...», ver Charles Marwick, «Should Physicians Prescribe Prayer for Health? Spiritual Aspects of Well-Being Considered», *Journal of the American Medical Association* 273, núm. 20 (24 mayo 1995): pp. 1561-1562.

60 «Hoy se están realizando cerca de 130 estudios científicos controlados que investigan los efectos de la oración intercesora...», para la discusión sobre estos estudios, ver Larry Dossey, *Healing Words: The Power of Prayer and the Practice of Medicine* (San Francisco: HarperSanFrancisco, 1993); ver también Daniel J. Benor, *Healing Research* 1-2 (Múnich: Helix Verlag, 1993). Para la discusión sobre los 250 estudios sobre la práctica religiosa y la salud, ver Jeffrey S. Levin, «Religion and Health: Is

There an Association, Is It Valid and Is It Causal?», *Social Science and Medicine* 38 (1994): pp. 1475-1482. Ver también J. S. Levin y P. L. Schiller, «Is There a Religious Factor in Health?», *Journal of Religion and Health* 267 (1987): pp. 9-36. Ver también el trabajo pionero del doctor David B. Larson. Particularmente recomendable es su estudio, con Susan S. Larson, del campo de la religión y la salud, *The Forgotten Factor in Physical and Mental Health: What Does the Research Show?* Esta información está disponible en forma de un módulo de enseñanza autodirigida que puede obtenerse en National Institute for Healthcare Research (David B. Larson, M.D., president), 6110 Executive Blvd., Suite 680, Rockville, MD 20852.

62 «Si mi doctor orase por mi recuperación, consideraría un juicio por mala praxis», Richard J. Goss, citado por Joseph Pereira, «The Healing Power of Prayer Is Tested by Science», *Wall Street Journal*, 20 diciembre 1995.

62 «En una encuesta más del setenta y cinco por ciento de los pacientes creían que su médico debía tratar cuestiones espirituales como parte de sus cuidados...», David B. Larson y Mary A. Greenwold Milano, "Are Religion and Spirituality Clinically Relevant?", *Mind/Body Medicine* 1, núm. 3 (1995): pp. 147-157. Para discusiones doctor-paciente sobre cuestiones religiosas, ver T. A. Maugans y W. C. Wadland, "Religion and Family Medicine: A Survey of Physicians and Patients", *Journal of Family Practice* 31 (1991): pp. 210-213. Para las actitudes de los pacientes hospitalarios acerca del uso de la oración

por sus doctores, ver D. E. King y B. Bushwick, «Beliefs and Attitudes of Hospital Inpatients about Faith Healing and Prayer», *Journal of Family Practice* 39 (1994): pp. 349-352.

PARTE TRES: ¿QUÉ ES LA ORACIÓN?

69 Plutarco citado en C. L. Sulzberger, *Go Gentle into the Good Night* (Englewood Cliffs, NJ: Prentice-Hall, 1976), p. 24.

70 «Cuando se ha puesto a prueba...», para la discusión sobre experimentos científicos en oraciones no locales, ver Larry Dossey, *Healing Words: The Power of Prayer and the Practice of Medicine* (San Francisco: HarperSanFrancisco, 1993).

71 «Estos casos son inexplicables...», para la capacidad de que la conciencia funcione en la distancia, ver Rupert Sheldrake, *Seven Experiments That Could Change the World* (Nueva York: Riverhead, 1995), pp. 33-72.

83 «En las últimas tres décadas se han realizado muchos experimentos en la oración que implicaban a personas de diferentes ideologías religiosas», para los resultados de esos estudios ver Deborah Rose, «The Spindrift Story», *Home Catacomb* 9, núm. 8 (1995): p. 8.

85 «¿Son un Mercedes Benz y una cartera bien surtida una señal de la gracia de Dios?», de «Notes on the Catacomb Wall», *Home Catacomb* 9, núm. 2 (1995): p. 11.

85 «¡Realmente puedes pedirle a Dios cuál quieres que sea su parte en el trato!...», telepredicador Robert Tilton, citado por Richard N. Ostling, «Heresy on the Airwaves», *Time*, 2 marzo 1990, p. 62.

86 «Dios saca a un hombre del horno cósmico...», *Stray Light Times*, núm. 1 (13 enero 1993): p. 2.

86-87 «Para adquirir la habilidad de conseguir que sus peticiones sean contestadas...», Aldous Huxley, *The Perennial Philosophy* (Nueva York: Harper & Row, 1944), pp. 220-221.

87 «El hombre justo ama a Dios por nada», maestro Eckhart, citado en Raymond B. Blakney, *Meister Eckhart* (Nueva York: Harper & Row, 1941), p. 241.

87-88 «Había un chico de diecisiete años que había tenido un catastrófico accidente de moto...», Betsy MacGregor, «Health Reform and the Sacred», un grupo de discusión, *Advances* 11, núm. 1 (Winter 1995): pp. 37-54.

89 «Le pedí a Dios fuerza...», «Prayer of an Unknown Confederate Soldier», *The Oxford Book of Prayer* (Nueva York: Oxford Univ. Press, 1985), p. 119.

90 «Solo es posible vivir felices para siempre...», Margaret Bonnano, «Sunbeams», *The Sun*, núm. 198 (mayo 1992): p. 40.

90 «Y algunos, como yo, estamos empezando a descubrir...», Adair Lara, citado en «Sunbeams», *The Sun*, núm. 222 (junio 1994): p. 40.

PARTE CUATRO: CÓMO ORAR

94 «Cuando se analizaron sus registros por separado...», E. Haraldsson y T. Thorsteinsson, «Psychokinetic Effects on Yeast: An Exploratory Experiment», *Research in Parapsychology* (Metuchen, NJ: Scarecrow Press, 1973), pp. 20-21.

94 «En esas pruebas, al igual que en el experimento islandés, los más experimentados produjeron resultados más poderosos», para la discusión sobre esta investigación, ver Spindrift, *The Spindrift Papers: Exploring Prayer and Healing Through the Experimental Test* (Lansdale, PA: Spindrift, 1994). Ver también Larry Dossey, «The Spindrift Experiments», *Recovering the Soul* (Nueva York: Bantam, 1989), pp. 58-62.

98 «Érase un niño que se lanzaba a la aventura todos los días...», Walt Whitman, «There Was a Child Went Forth», *A Choice of Whitman's Verse* (Londres: Faber and Faber, 1968), p. 21.

102 «Las pruebas que apoyan estos efectos generalizados son abundantes...», para una revisión de estos estudios, ver Daniel J. Benor, *Healing Research*, vols. 1-2 (Múnich: Helix Verlag, 1993); y Larry Dossey, *Healing Words: The Power of Prayer and the Practice of Medicine* (San Francisco: HarperSanFrancisco, 1993).

102 «Los investigadores han comenzado a estudiar los beneficios para la salud de tener mascotas», las investigaciones de Dr. Aaron H. Katcher, Prof.ª Ann Ottney

Cain, Dr. Herbert Benson, Peter R. Messent, y Sharon L. Smith se discuten en Joan Arehart-Treichel, «Pets: The Health Benefits», *Science News* 121 (1982): pp. 220-223.

105 «Y las mascotas, al igual que la oración, salvan vidas», la investigación de la doctora Erika Friedmann es discutida en Bruce Bower, «Stress Goes to the Dogs», *Science News* 140 (1991): p. 285.

107-110 Comunicación personal con Hilary Petit, médico veterinaria, Sacramento, California, abril 1995. Usado con permiso.

112 «Más de un cristiano ora débilmente...», C. S. Lewis, *Letters to Malcolm: Chiefly on Prayer* (Nueva York: Harcourt Brace Jovanovich, 1964), p. 114. [*Si Dios no escuchase. Cartas a Malcolm* (Madrid: Rialp, 2001)].

114 «Me dejo caer en mi cuarto...», John Donne, citado en «Sunbeams», *The Sun*, núm. 228 (diciembre 1994): p. 40.

115 «¿Tiene Dios un set de oraciones...?», Dorothy Day, citada en «Sunbeams», *The Sun*, núm. 233 (marzo 1995): p. 40.

120 «Como dijo Richard Foster, Francisco "no parecía tanto un hombre orando como una oración..."», Richard J. Foster, *Prayer: Finding the Heart's True Home* (San Francisco: HarperSanFrancisco, 1992), p. 117.

122 «No es moralmente superior usar un método [de oración] u otro...», Deborah Rose, «The Spindrift Story», *Home Catacomb* 9, núm. 8 (noviembre 1995): p. 7.

122 «La gente pregunta: ¿qué clase de oración debería decir?», Deborah Rose, «The Spindrift Story», *Home Catacomb* 9, núm. 2 (marzo 1995): pp. 11-16.

124 «El reino de los cielos está dentro...», Michael Toms, *Interviews with Joseph Campbell* (series de casete). New Dimensions Radio, 475 Gate Five Road, Suite 206, Sausalito, CA 94966.

124 «Según la leyenda, los dioses estaban discutiendo dónde esconder el secreto de la vida...», esta leyenda la cuenta James W. Jones, *In the Middle of This Road We Call Our Life* (San Francisco: HarperSanFrancisco, 1994), pp. 24-25.

130 «Creo que la coherencia divina y humana en la oración...», John Polkinghorne, «Can a Scientist Pray?», *Explorations in Science and Theology*, Templeton London Lectures at the RSA (Londres: The Royal Society for the Encouragement of Arts, Manufactures & Commerce, 1993), pp. 17-22.

134-135 «En diciembre de 1992 me diagnosticaron un agresivo cáncer de vejiga...», relato resumido de una comunicación personal, 1995. Usado con permiso.

136-137 «En cuestión de dos años mi marido y yo perdimos nuestros trabajos...», relato resumido de una comunicación personal, 1995. Usado con permiso.

137 «A lo largo de la historia humana los sueños y las oraciones nocturnas han servido a los grandes sacerdotes...», las oraciones nocturnas están de regreso. Ver Phil Cousineau *Prayers At 3 AM.: Poems, Songs, Chants, and*

Prayers for the Middle of the Night (San Francisco: HarperSanFrancisco, 1995).

142-143 «El misticismo puede conllevar serias amenazas contra la salud...», Karen Armstrong, *Visions of God* (Nueva York: Bantam, 1994), pp. x-xi, 5.

145 «Deborah Rose... ofrece la analogía de orar por tomateras sanas», ver Deborah Rose, «The Spindrift Story», *Home Catacomb* 9, núm. 2 (marzo 1995): pp. 11-16. Los comentarios de Rose sobre la «fuerza ordenadora» en la oración también están en esta fuente.

148 «En la cocina de mi casa no necesitamos realmente que la leche permanezca fresca...», Deborah Rose, «The Spindrift Story», *Home Catacomb* 9, núm. 9 (diciembre 1995): p. 9.

150-156 La sección *Orar por maíz en Iowa* está compilada de las siguientes fuentes: Joyce Vogelman, «Power of Prayer: Congregations Pray for Thousands of Iowa Farmers During Harvest», *Iowa Farmer*, 30 septiembre 1995; Jean Caspers-Simmet, «Help from High Places? Pastor Inspired Parishioners to Pray at Harvest», *Agri News* 40, núm. 22 (23 noviembre 1995); y comunicación personal por escrito con el reverendo Karl E. Goodfellow, diciembre 1995.

153-154 «Conoce nuestro entorno...», reverenda Mary K. Green, devocional del 10 de octubre, *God's Harvest— God's People*, ed. Karl E. Goodfellow (Guttenberg, IA: United Methodist Church, 1996), p. 5.

154 «Los accidentes ocurren demasiado rápido...», Liz Goodfellow, *God's Harvest—God's People*, ed. Karl E.

Goodfellow (Guttenberg, IA: United Methodist Church, 1996), p. 23.

156 «El reverendo Goodfellow se ha visto inundado de peticiones...», los individuos interesados pueden contactar con el reverendo Dr. Karl E. Goodfellow en P. O. Box 706, Guttenberg, IA 52052.

158 «Si Dios me hubiera otorgado todas las oraciones tontas que he hecho...», C. S. Lewis, *Letters to Malcolm: Chiefly on Prayer* (Nueva York: Harcourt Brace Jovanovich, 1964), p. 28. [*Si Dios no escuchase. Cartas a Malcolm* (Madrid: Rialp, 2001)].

159 «Podemos hacernos una idea de ellos en fábulas sobre "la venganza del hada buena"...», ver la investigación sobre este tema tradicional en el artículo de Mary Catherine Bateson «The Revenge of the Good Fairy», *Whole Earth Review*, núm. 55 (verano 1987): pp. 34-48.

160 «Recuerdo ver una tira cómica...», en *Out of Time* (periódico de labor académica), Lake Delton, WI: Academy Publishing (primer trimestre 1993), p. 5.

162 «Algunas culturas han hecho pocas distinciones entre las maldiciones y las oraciones negativas...», ver Larry Dossey, «When Prayer Hurts», *Healing Words: The Power of Prayer and the Practice of Medicine* (San Francisco: HarperSanFrancisco, 1993), pp. 145-158.

164 «¿Puede herir la oración? Algunos tipos religiosos aparentemente piensan que sí...», para ver un ejemplo de gente religiosa opuesta a los estudios sobre la oración, ver Theodore Rockwell, «The Bridge of Sighs: Problems

of Building a Sci/Psi Bridge», *Home Catacomb* 8, núm. 9 (octubre 1994): pp. 1-3.

164-167 «A principios de los setenta estaba muy involucrada en mi desarrollo personal...», comunicación personal con el autor, 20 junio 1995. Usado con permiso.

169 «Dios da nueces, pero él no las abre», citado en *Sunbeams: A Book of Quotations,* ed. Sy Safransky (Berkeley: North Atlantic Books, 1990), p. 14.

169 «Alimentar al hambriento es un trabajo mayor...», citado en «Sunbeams», *The Sun,* núm. 237 (septiembre 1995): p. 40.

169-170 «La oración no es un sustituto de la acción...», John Polkinghorne, «Can a Scientist Pray?», *Explorations in Science and Theology,* Templeton London Lectures at the RSA (Londres: Royal Society for the Encouragement of Arts, Manufactures & Commerce, 1993), pp. 17-22.

170 «A menudo oro por los demás cuando debería estar haciendo cosas por ellos...», C. S. Lewis, *Letters to Malcolm: Chiefly on Prayer* (Nueva York: Harcourt Brace Jovanovich, 1964), p. 66. [*Si Dios no escuchase. Cartas a Malcolm* (Madrid: Rialp, 2001)].

170 «El psicólogo Ira Progoff relata un suceso en la vida de Abraham Lincoln...», ver Ira Progoff, *Jung, Synchronicity, and Human Destiny* (Nueva York: Julian Press, 1973), pp. 170-171.

171 «No es bueno andar pescando momentos ricos...», C. S. Lewis, *Letters to Malcolm: Chiefly on Prayer* (Nueva

York: Harcourt Brace Jovanovich, 1964), p. 117. [*Si Dios no escuchase. Cartas a Malcolm* (Madrid: Rialp, 2001)].

EPÍLOGO

177 «[La oración] ha salvado mi vida...», Mahatma Gandhi, citado en Louis Fischer, ed., *The Essential Gandhi* (Nueva York: Random House, 1962), pp. 309-310.

LECTURAS
ADICIONALES

LIBROS Y GRABACIONES DEL DR. LARRY DOSSEY

Palabras que curan (México: Edivisión, 1997).

Meaning & Medicine (Nueva York: Bantam, 1991).

Recovering the Soul (Nueva York: Bantam, 1989).

Beyond Illness. (Boston: Shambhala, 1984).

Tiempo, espacio y medicina (Barcelona: Kairós, 2010).

The Power of Prayer: Connecting with the Power of the Universe. Seis casetes de audio. Nightingale Conant, 7300 North Lehigh Avenue, Niles, IL 60714, 800-572-2770.

How to Have a Miracle: Dynamics of Healing. Institute of Noetic Sciences 1993, conferencia «Heart of Healing». Video y casete de audio disponible. Institute of Noetic Sciences, 475 Gate Five Road, Suite 300, Sausalito, CA 94966.

Recovering the Soul: A Scientific and Spiritual Search. Video y casete de audio. Mystic Fire Video, 523 Broadway, Suite 604, Nueva York, NY 10012.

Alternative Therapies in Health and Medicine. El Dr. Dossey es editor jefe de esta publicación en el campo de la medicina complementaria / alternativa. Cada ejemplar contiene un editorial del Dr. Dossey. *Alternative Therapies*, P.O. Box 611, Holmes, PA 19043, 800-345-8112.

ORACIÓN Y MEDITACIÓN

Appleton, George, ed., *The Oxford Book of Prayer* (Nueva York: Oxford University Press, 1987).

Armstrong, Karen, *Visions of God* (Nueva York: Bantam, 1994).

Benson, Herbert, *El poder de la mente: cómo aprovechar al máximo nuestros recursos* (México D. F.: Grijalbo, 1989).

_____, *La relajación: una terapia imprescindible para mejorar su salud* (Barcelona: Grijalbo, 1996).

_____, *Relajación* (Barcelona: Pomaire, 1977).

Benson, Herbert, y Eileen M. Stuart, *The Wellness Book* (Nueva York: Birch Lane Press, 1992).

Bloch, Douglas, *Siempre estoy contigo: una antología de frases, poemas y oraciones* (Madrid: Los Libros del Comienzo, 1994).

_____, *Palabras que curan: afirmaciones y meditaciones para la vida cotidiana* (Madrid: Los Libros del Comienzo, 1993).

Cahill, Thomas, *Jesus' Little Instruction Book* (Nueva York: Bantam, 1994).

Campbell, Camille, *Meditations with John of the Cross* (Santa Fe: Bear, 1989).

_____, *Meditations with Teresa of Avila* (Santa Fe: Bear, 1985).

Castelli, Jim, ed., *How I Pray: People of Different Religions Share with Us That Most Sacred and Intimate Act of Faith* (Nueva York: Ballantine, 1994).

Caulfield, Sean, *The Experience of Praying* (Nueva York: Paulist Press, 1980).

Cousineau, Phil, ed., *Prayers at 3 A.M.: Poems, Songs, Chants, and Prayers for the Middle of the Night* (San Francisco: HarperSanFrancisco, 1995).

Douglas-Klotz, Neil, *Prayers of the Cosmos: Meditations on the Aramaic Words of Jesus* (San Francisco: HarperSanFrancisco, 1990).

Gallagher, Blanche, *Meditations with Teilhard de Chardin* (Santa Fe: Bear, 1988).

Gill, Jean, *Pray As You Can: Discovering Your Own Prayer Ways* (Notre Dame, IL: Ave Maria Press, 1989).

Goleman, Daniel, *La meditación y los estados superiores de consciencia* (Málaga: Sirio, 2004).

Hanh, Thich Nhat, *A Guide to Walking Meditation* (Nueva York: Fellowship Publications, 1985).

_____, *El milagro de mindfulness* (Barcelona: Oniro, 2014).

_____, *Hacia la paz interior* (Barcelona: DeBolsillo, 2010).

Kabat-Zinn, Jon, *Vivir con plenitud las crisis: Cómo utilizar la sabiduría del cuerpo y de la mente para afrontar el estrés, el dolor y la enfermedad* (Barcelona: Kairós, 2013).

Kaplan, Aryeh, *Jewish Meditation: A Practical Guide* (Nueva York: Schocken, 1985).

Keating, Thomas, *Mente abierta, corazón abierto* (Bilbao: Desclée De Brouwer, 2006).

LeShan, Lawrence, *Cómo meditar* (Barcelona: Kairós, 1986).

Leunig, Michael, *A Common Prayer* (Collins Dove, 1990).

Levey, Joel, *El arte de relajarse, concentrarse y meditar: Habilidades clásicas para mentes actuales* (Alicante: Dharma, 1999).

Lewis, C. S., *Si Dios no escuchase: cartas a Malcolm* (Madrid: Rialp, 2001).

Master Meditations: A Spiritual Daybook (Santa Monica, CA: IBS Press, 1990).

Michael, Chester P., y Marie C. Norissey, *Oración y temperamento: Diversas formas de orar para los diferentes tipos de personalidad* (Bilbao: Mensajero, 1998).

Moore, Thomas, *Reflexiones: la riqueza espiritual de la vida monástica* (Buenos Aires: Urano, 1996).

_____, *El cuidado del alma* (Buenos Aires: Urano, 2009).

Nachman, Rabbi, *Restore My Soul* (Jerusalén: Reslov Research Institute, 1980).

Paramananda, Swami, *Un pensamiento y una oración para cada día* (Sarada, 2008).

Prabhavananda, Swami, y Christopher Isherwood, traducción y comentarios, *Cómo conocer a Dios: Los aforismos de yoga de Patánjali* (Sarada, 2012).

Roberts, Elizabeth, y Elias Amidon, *Life Prayers* (San Francisco: HarperSanFrancisco, 1996).

_____, *Earth Prayers from Around the World* (San Francisco: HarperSanFrancisco, 1991).

Rossman, Martin, *Healing Yourself* (Nueva York: Walker, 1987; Nueva York: Pocket Books, 1990).

Singer, June, *A Gnostic Book of Hours* (San Francisco: HarperSanFrancisco, 1992).

Sponheim, Paul R., ed., *A Primer on Prayer* (Filadelfia: Fortress Press, 1988).

Steindl-Rast, David, *La gratitud, corazón de la plegaria* (Bilbao: Mensajero, 2014).

Uhlein, Gabrielle, *Meditations with Hildegard of Bingen* (Santa Fe: Bear, 1983).

Ulanov, Ann, y Barry Ulanov, *Primary Speech: A Psychology of Prayer* (Atlanta: John Knox Press, 1982).

Weil, Simone, *A la espera de Dios* (Madrid: Trotta, 2013).

Weston, Walter, *PrayWell* (Wadsworth, OH: Transitions Press, 1994).

REFERENCIAS CIENTÍFICAS SOBRE LA ORACIÓN Y LA SANACIÓN

El libro del doctor Dossey *Palabras que curan*, mencionado arriba, contiene casi todas las referencias científicas de experimentos basados en la oración o en la sanación espiritual. Además, se pueden encontrar muchas referencias científicas en la sección de Notas de este libro.

La siguientes seis referencias están particularmente recomendadas:

Benor, Daniel J., *Healing Research*, vols. 1-2, (Múnich: Helix Verlag, 1993).

Larson, David B., *The Faith Factor—Volume Two: An Annotated Bibliography of Systematic Reviews and Clinical Research on Spiritual Subjects*. National Institute for

Healthcare Research, 6110 Executive Blvd., Suite 680, Rockville, MD 20952, 1995.

Larson, David B., y Susan S. Larson, *The Forgotten Factor in Physical and Mental Health: What Does the Research Show? An Independent Study Seminar*. National Institute for Healthcare Research, 6110 Executive Blvd., Suite 680, Rockville, MD 20952, 1995.

Levin, Jeffrey S., ed., *Religion in Aging and Health* (Thousand Oaks, CA: Sage, 1994).

Matthews, Dale, David B. Larson, y Constance Barry, *The Faith Factor: An Annotated Bibliography of Clinical Research on Spiritual Subjects*. National Institute for Healthcare Research, 6110 Executive Blvd., Suite 680, Rockville, MD 20952, 1995.

Murphy, Michael, *The Future of the Body* (Los Ángeles: Tarcher, 1992). Este trabajo enciclopédico contiene cientos de referencias científicas. Trata de «lo que es humanamente posible» y contiene valiosas perspectivas de la oración y la sanación.

SANIDAD ESPIRITUAL, INFORMACIÓN ADICIONAL

Eddy, Mary Baker, *Ciencia y salud: con clave de las escrituras* (Boston: Writings of Mary Baker Eddy, 1991).

Holmes, Ernest, *The Anatomy of Healing Prayer,* The Ernest Holmes Papers, vols. 1 y 2. Compilado por George P. Bendall (Marina del Rey, CA: DeVorss, 1991).

The Home Catacomb. El periódico escolar de la Grayhaven School of Christian Science Nursing. Grayhaven School of Christian Science Nursing, P.O. Box 2364, Cape May, NJ 08204.

Kelsey, Morton T., *Psychology, Medicine & Christian Healing* (San Francisco: Harper & Row, 1966).

Kunz, Dora, ed., *Spiritual Aspects of the Healing Arts* (Wheaton, IL: Quest, 1985).

Laskow, *Healing with Love* (San Francisco: Harper San Francisco, 1992).

LeShan, Lawrence, *The Medium, the Mystic, and the Physicist* (Nueva York: Viking, 1966).

Markides, Kyriacos, *Riding with the Lion: In Search of Mystical Christianity* (Nueva York: Viking Penguin, 1994). Este es uno de una serie de libros fascinantes de Markides con Daskalos, un sanador chipriota en la tradición ortodoxa griega.

McCall, Peter, y Maryanne Lacy, *¡Levántante y sé sano!: Promesas de Dios para la sanidad* (Miami: Editorial Carisma, 1993).

_____, *An Invitation to Healing* (Bronx, NY: House of Peace, 1985).

Peel, Robert, *Spiritual Healing in a Scientific Age* (San Francisco: Harper & Row, 1987).

Puryear, Meredith Ann, *Healing Through Meditation and Prayer* (Virginia Beach, VA: A.R.E. Press, 1978).

Sanford, John A., *Healing and Wholeness* (Nueva York: Paulist Press, 1977).

Shealy, C. Norman, y Caroline M. Myss, *La creación de la salud* (Barcelona: Luciérnaga, 1998).

Sheikh, Anees A., y Katharina S. Sheikh, eds., *Eastern & Western Approaches to Healing* (Nueva York: John Wiley, 1989).

The Spindrift Papers: Exploring Prayer and Healing Through the Experimental Test Spindrift, Inc: Lansdale, PA, 1993.

Whitmont, Edward C., *The Alchemy of Healing: Psyche and Soma* (Berkeley: North Adantic, 1993).

SANACIONES INESPERADAS O «MILAGROSAS»

Guiley, Rosemary Ellen, *El poder de la oración: historias verídicas de curación y salvación por la fe* (Barcelona: Martínez Roca, 1996).

Hirshberg, Caryle, y Marc Ian Barasch, *Remarkable Recovery* (Nueva York: Riverhead, 1995).

Lewis, C. S., *Los milagros* (HarperOne, 2014).

O'Regan, Brendan, y Caryle Hirshberg, *Spontaneous Remission: An Annotated Bibliography* (Sausalito, CA: Institute of Noetic Sciences, 1993).

Rogo, D. Scott, *El enigma de los milagros* (Barcelona: Martínez Roca, 1988).

Siegel, Bernie, *Amor, medicina milagrosa* (Madrid: Espasa, 1996).

Thurston, Herbert, *Los fenómenos físicos del misticismo* (San Sebastián: Dinor, 1953).

Wakefield, Dan, *Abre tu corazón a los milagros* (Madrid: EDAF, 1996).

Weil, Andrew, *La curación espontánea* (Nueva York: Vintage Español, 2011).

Wilson, Ian, *Stigmata* (San Francisco: Harper & Row, 1989).

LA CONEXIÓN MENTE-CUERPO Y EL PAPEL DE LA CONCIENCIA EN LA SALUD

Achterberg, Jeanne, Larry Dossey, James S. Gordon, et al., *Expanding Medical Horizons.* Sección en «Mind-Body Interventions». Este informe histórico fue encargado por la Oficina de Medicina Alternativa del National Institutes of Health. NIH Publication No. 94-066. Washington, DC: U. S. Government Printing Office, 1995. (Disponible en Superintendent of Documents, P.O. Box 371954, Pittsburgh, PA 15250-7954).

Benson, Herbert, y Eileen M. Stuart, *The Wellness Book* (Nueva York: Birch Lane Press, 1992).

Borysenko, Joan, *Cómo cuidar la mente para cuidar el cuerpo* (México: Edivisión, 1990).

Cousins, Norman, *Head First: The Biology of Hope* (Nueva York: Dutton, 1989).

Dienstfrey, Harris, *Where the Mind Meets the Body* (Nueva York: HarperCollins, 1991).

Dreher, Henry, *The Immune Power Personality* (Nueva York: Dutton, 1995).

Goleman, Daniel, y Joel Gurin, eds., *Mind-Body Medicine: How to Use Your Mind for Better Health* (Nueva York: Consumer Reports Books, 1993).

Justice, Blair, *Who Gets Sick: Thinking and Health* (Houston: Peak Press, 1987).

Kane, Jeff, *Be Sick Well* (Oakland, CA: New Harbinger, 1991).

Locke, Steven, y Douglas Colligan, *El médico interior* (México: Hermes, 1991).

Northrup, Christiane, *Cuerpo de mujer, sabiduría de mujer: Una guía para la salud física y emocional* (Barcelona: Urano, 2010).

Pelletier, Kenneth, *Sound Mind, Sound Body* (Nueva York: Simon & Schuster, 1994).

Rossi, Ernest L., *The Psychobiology of Mind-Body Healing* (Nueva York: Norton, 1986).

Rossi, Ernest L., y David B. Cheek, *Mind-Body Therapy* (Nueva York: Norton, 1988).

ENFERMEROS Y SANACIÓN

Los enfermeros han mantenido vivo el espíritu de la sanación en Occidente durante siglos. Actualmente hay 2.5 millones de enfermeros en activo en Estados Unidos. Aquí están algunos de sus trabajos que enfatizan un enfoque cuerpo-mente-espíritu, muchos de los cuales están escritos tanto para laicos como para enfermeros.

Chulay, Marianne, Cathie E. Guzzetta, y Barbara Dossey, *AACN Handbook of Critical Care* (Norwalk, CT: Appleton Lange).

Dossey, Barbara, Lynn Keegan, Cathie E. Guzzetta, y Leslie Kolkmeier, *Holistic Nursing: A Handbook for Practice* (Gaithersburg, MD: Aspen, 1995).

Frisch, Noreen Cavan, y Jane Kelley, *Healing Life's Crises: A Guide for Nurses* (Nueva York: Delmar, 1996).

Hover-Kramer, Dorothea, *La curación por el tacto* (Madrid: EDAF, 2012).

Keegan, Lynn, *The Nurse As Healer* (Nueva York: Delmar, 1994).

Krieger, Dolores, *El poder de curar está en sus manos* (Barcelona: Martínez Roca, 1994).

Macrae, Janet, *Therapeutic Touch: A Practical Guide* (Nueva York: Knopf, 1991).

Quinn, Janet F., *Therapeutic Touch: A Home Study Video Course for Family Caregivers* (Nueva York: National League for Nursing, 1996). 800-669-9656, ext. 138.

Rew, Lynn, *Awareness in Healing* (Nueva York: Delmar, 1996).

Sayre-Adams, Jean y Steve Wright, *The Theory and Practice of Therapeutic Touch* (Nueva York: Churchill Livingstone, 1995).

IMAGINERÍA, RITUAL Y CEREMONIA

Achterberg, Jeanne, *Por los caminos del corazón* (Madrid: Los libros del comienzo, 1994).

Achterberg, Jeanne, Barbara Dossey, y Leslie Kolkmeier, *Rituals of Healing* (Nueva York: Bantam, 1994).

Brigham, Deirdre Davis, *Imagery for Getting Well* (Nueva York: Norton, 1994).

Cahill, Sedonia, y Joshua Halpern, *Ceremonial Circle* (San Francisco: HarperSanFrancisco, 1992).

Dossey, Barbara M., Lynn Keegan, y Cathie E. Guzzetta, *The Art of Caring*. Cuatro series de cintas de casete. Boulder: Sounds True Audio, 1996. 800-333-9185.

Naparstek, Belleruth, *Staying Well with Guided Imagery* (Nueva York: Warner, 1994).

Shames, Karilee Halo, *Creative Imagery in Nursing* (Nueva York: Delmar, 1996).

Simonton, O. Carl, y Reid Henson, *Sanar es un viaje* (Barcelona: Urano, 1993).

Simonton, O. Carl, Stephanie Matthews-Simonton, y James L. Creighton, *Recuperar la salud* (Madrid: Libros de Comienzo, 1997).

ENFOQUES PSICOLÓGICOS Y ESPIRITUALES PARA LA SANACIÓN

Achterberg, Jeanne, *Woman as Healer* (Boston: Shambhala, 1990).

Allen, Pat B., *Arte-terapia: Guía de autodescubrimiento a través del arte y la creatividad* (Móstoles: Gaia, 2010).

Barasch, Marc Ian, *The Healing Path* (Nueva York: Tarcher/Putnam, 1993).

Bloomfield, Harold, *The Power of Five* (Nueva York: Rodale Press, 1994).

Borysenko, Joan, *Fuego en el alma* (Barcelona: Obelisco, 2005).

Campbell, Don, *Music and Miracles* (Wheaton, IL: Quest, 1992).

_____, ed., *Music, Physician for Times to Come* (Wheaton, IL: 1992).

Chopra, Deepak, *Curación cuántica* (Móstoles: Gaia, 2014).

_____, *Cómo crear salud: más allá de la prevención y hacia la perfección* (México: Grijalbo, 1990).

Cortis, Bruno, *Heart and Soul* (Nueva York: Villard, 1995).

Curtis, Donald, *Tus pensamientos pueden cambiar tu vida* (México: Patria, 1998).

_____, *Helping Heaven Happen* (York Beach, Maine: Samuel Weiser, 1992).

_____, *Human Problems and How to Solve Them* (North Hollywood, CA: Wilshire Book Co., 1974).

Duff, Kat, *The Alchemy of Illness* (Nueva York: Pantheon, 1993).

Ellsworth, Robert, y Janet Ellsworth, *How Shall We Love?* (Nueva York: Putnam, 1996).

Evans, Donald, *Spirituality and Human Nature* (Albany: SUNY Press, 1993).

Frank, Arthur W., *The Wounded Storyteller: Body, Illness, and Ethics* (Chicago: University of Chicago Press, 1995).

_____, *At the Will of the Body: Reflections on Illness* (Boston: Houghton Mifflin, 1991).

Gordon, James S., *Manifesto for a New Medicine: Your Guide to Healing* (Reading, MA: Addison-Wesley, 1996).

Grasse, Ray, *The Waking Dream* (Wheaton, IL: Quest, 1996).

Hendricks, Gay, y Kathleen Hendricks, *At the Speed of Life* (Nueva York: Bantam, 1993).

Huang, Chungliang Al, y Jerry Lynch, *Thinking Body, Dancing Mind* (Nueva York: Bantam, 1992).

Ingerman, Sandra, *Welcome Home: Life After Healing* (San Francisco: HarperSanFrancisco, 1993).

Jensen, Lone, *Dones de gracia* (Nueva York: Rayo, 1996).

Jones, James W., *In the Middle of This Road We Call Life* (San Francisco: HarperSanFrancisco, 1994).

Justice, Rita, *Alive and Well* (Houston: Peak Press, 1995).

Kabat-Zinn, Jon, *Mindfulness en la vida cotidiana: Donde quiera que vayas, ahí estás* (Barcelona: Paidós, 2009).

Lawlis, G. Frank, *Medicina transpersonal* (Barcelona: Kairós, 1999).

LeShan, Lawrence, *Luchar con el cáncer* (Buenos Aires: Errepar, 1994).

Linthorst, Ann, *Soul-Kissed* (Nueva York: Crossroad Publishing, 1995).

Luce, Gay Gaer, *Longer Life, More Joy* (North Hollywood, CA: Newcastle, 1992).

Miller, Timothy, *Cómo amar lo que tienes* (Madrid: EDAF, 1996).

Moss, Richard, *The Second Miracle* (Berkeley: Celestial Arts, 1995).

Muller, Wayne, *How, Then, Shall We Live?* (Nueva York: Bantam, 1995).

Myss, Caroline, *Anatomía del espíritu* (Barcelona: Zeta Bolsillo, 2006).

Nachman, Rabbi, *Outpouring of the Soul* (Jerusalén: Reslov Research Institute, 1980).

Pearsall, Paul, *Milagros: la fuerza sanadora detrás de un apasionante testimonio de autocuración*

Remen, Rachel Naomi, *Wounded Healers* (Mill Valley, CA: Wounded Healer Press, 1995).

Sardello, Robert, *Love and the Soul* (Nueva York: HarperCollins, 1995).

Small, Jacquelyn, *Embodying Spirit* (Nueva York: HarperCollins, 1994).

_____, *Awakening in Time* (Nueva York: Bantam, 1991).

Vaughan, Frances, *The Inward Arc: Healing in Psychotherapy and Spirituality* (Grass Valley, CA: Blue Dolphin, 1995).

_____, *Sombras de lo sagrado* (Móstoles: Gaia, 1997).

Wilber, Ken, *Sexo, ecología, espiritualidad* (Móstoles: Gaia, 2011).

SANACIÓN CHAMÁNICA Y NATIVA

Blum, Ralph H., *El libro de las runas* (Madrid: EDAF, 2011).

Blum, Ralph H., y Susan Loughan, *The Healing Runes* (Nueva York: St. Martin's, 1995).

Cohen, Kenneth S., *Strong As the Mountain, Supple As Water: The Way of Qigong* (Nueva York: Ballantine, 1996).

Ingerman, Sandra, *Soul Retrieval: Mending the Fragmented Self* (San Francisco: HarperSanFrancisco, 1991).

Kalweit, Holger, *Shamans, Healers and Medicine Men* (Boston: Shambhala, 1992).

Krippner, Stanley, y Alberto Villoldo, *Los reinos de la curación* (México: Diana, 1995).

Krippner, Stanley, y Patrick Welch, *Spiritual Dimensions of Healing* (Nueva York: Irvington, 1992).

Lawlis, G. Frank, *The Cure: The Hero's Journey with Cancer,* y *The Caregiver's Guide to the Cure* (San José: Resource Publications, 1994).

Rinpoche, Sogyal, *El libro tibetano de la vida y de la muerte* (Barcelona: Urano, 2006).

Sams, Jamie, *La medicina de la tierra* (Barcelona: Integral, 1996).

_____, *The Sacred Path Cards* y *The Sacred Path Workbook* (San Francisco: HarperSanFrancisco, 1990 y 1991, resp.).

Sams, Jamie, y David Carson, *Las cartas de la medicina* (Málaga: Sirio, 2014).

Villoldo, Alberto, y Stanley Krippner, *Healing States* (Nueva York: Simon & Schuster/Fireside, 1987).

Wesselman, Hank, *Encuentros con el espíritu* (Barcelona: Plaza & Janés, 1999).

CIENCIA, CONCIENCIA Y ESPÍRITU

Abraham, Ralph, Terence McKenna, y Rupert Sheldrake, *Trialogues at the Edge of the West* (Santa Fe: Bear, 1992).

Bohm, David, *La totalidad y el orden implicado* (Barcelona: Kairós, 2014).

Davies, Paul, *Dios y la nueva físcia* (Barcelona: Salvat, 1986).

Friedman, Norman, *Bridging Science and Spirit* (San Luis: Living Lake Books, 1990).

Goswami, Amit, con Richard E. Reed y Maggie Goswami, *The Self-Aware Universe* (Nueva York: Putnam, 1993).

Herbert, Nick, *Elemental Mind* (Nueva York: Dutton, 1993).

_____, *Quantum Reality* (Nueva York: Anchor/Doubleday, 1987).

Jahn, Robert G., ed., *The Role of Consciousness in the Physical World*. AAAS Selected Symposium (Boulder, CO: Westview, 1981).

Jahn, Robert G., y Brenda J. Dunne, *Margins of Reality: The Role of Consciousness in the Physical World* (Nueva York: Harcourt Brace Jovanovich, 1987).

Josephson, B. D., y V. S. Ramachandran, eds., *Consciousness and the Physical World* (Nueva York: Pergamon, 1980).

Pearce, Joseph Chilton, *Evolution's End* (San Francisco: HarperSanFrancisco, 1992).

Polkinghorne, John, *Science and Creation: The Search for Understanding* (Boston: Shambhala, 1989).

_____, *Science and Providence: God's Interaction with the World* (Boston: Shambhala, 1989).

Ravindra, Ravi, ed., *La ciencia y lo sagrado* (México: Tomo 2005).

Sheldrake, Rupert, *Siete experimentos que pueden cambiar el mundo* (Barcelona: Paidós, 1994).

Thompson, Richard L., *Mechanistic and Nonmechanistic Science* (Los Ángeles: Bhaktivedanta Book Trust, 1981).

Wolf, Fred Alan, *Taking the Quantum Leap* (Nueva York: Harper & Row, 1981).

CULPA Y ENFERMEDAD

Borysenko, Joan, *El amor y la culpa* (Buenos Aires: Emecé Editores, 1994).

Kavanaugh, James, *God Lives: From Religious Guilt to Spiritual Freedom* (Highland Park, IL: Steven J. Nash, 1993).

Wilber, Ken, *Gracia y coraje* (Móstoles: Gaia, 2014).

Un agradecido reconocimiento a las siguientes personas por el permiso para citar de su trabajo:

A Rudolph Barden, Dorothy Martin y Stephanie R. Waugh por los extractos de su correspondencia personal.

A Deborah Rose, antigua vicepresidenta de Spindrift, Inc., por varios extractos de *Home Catacomb*, de septiembre de 1994 y noviembre de 1995; y a la doctora Betsy MacGregor, y a la revista *Advances* por extractos de «Health Reform and the Sacred», Advances 11, n. 1 (invierno 1995).

PETICIÓN DEL AUTOR

Mi investigación sobre la oración continúa. Me gustaría escuchar a los lectores que estuvieran dispuestos a compartir sus experiencias. Estoy especialmente interesado en las situaciones «sin esperanza» en las que las intervenciones médicas convencionales fracasaron pero en las que la oración pareció funcionar. Además, estoy explorando cuatro áreas adicionales tratadas en mi libro *Palabras que curan*: los efectos negativos de la oración, las oraciones que implican sueños, la oración desplazada en el tiempo y los sucesos telesomáticos. Por favor, escríbeme a la siguiente dirección:

Dr. Larry Dossey
233 N. Guadalupe, #169
Santa Fe, NM 87501

Gracias.